周易文化讲论

刘大钧　主编

《周易》智慧

刘玉平　著

生活·读书·新知　三联书店

图书在版编目(CIP)数据

《周易》智慧／刘玉平著. —北京:生活·读书·
新知三联书店,2018.5
(周易文化讲论)

ISBN 978 – 7 – 108 – 06177 – 5

Ⅰ. ①周⋯　Ⅱ. ①刘⋯　Ⅲ. ①《周易》–研究
Ⅳ. ①B221.5

中国版本图书馆 CIP 数据核字(2018)第 017021 号

责任编辑　徐旻玥
封面设计　刘　俊
责任印制　黄雪明
出版发行　生活·讀書·新知 三联书店
　　　　　(北京市东城区美术馆东街22号)
邮　　编　100010
印　　刷　四川省南方印务有限公司
排　　版　成都勤慧彩色制版印务有限公司
版　　次　2018年5月第1版
　　　　　2018年5月第1次印刷
开　　本　185毫米×130毫米　1/32　印张　7
字　　数　89千字
定　　价　27.00元

总　序

　　一百余年前，以天朝自诩的清朝政府，经鸦片战争至甲午海战，每战必败，接之而来的是割地赔款，签订不平等条约。面对国运多舛、国人受侮，当时先进的知识分子在激愤之下，错误地将矛头对准以儒家为核心的中国传统文化，一时极尽羞辱之能事。如时人吴稚晖提出要把"国故"丢到"茅厕"里，而钱玄同等一众学者要求全面废除汉字。如此种种，千年"斯文"此时似乎真要"扫地"矣。且此种批判风气蔓延至学术研究领域，学者治学也多受此情绪影响，因而失去作为学者对学术研究的客观与公正的态度。以

《周易》为例，为否定孔子与《周易》的关系，对《论语》中孔子"加我数年，五十以学《易》，可以无大过矣"一语，利用《鲁论》之"易"为"亦"字，改句读为"加我数年，五十以学，亦可以无大过矣"，证明孔子与《易》根本没有关系。为证明《周易》晚出，宣称《左传》中的占筮资料是刘歆割裂《师春》插入其中的伪作。20世纪40年代，更有人注疏《周易》经文，对《周易》经文中六十四卦前所标注的六十四卦卦象，对《易传》所云"易者，象也；象也者，像也"等有关易象的重要论述，皆全然不理。在不做任何学理论证的情况下，将由春秋战国延续至两汉魏晋的象数易学研究成果全部弃之不用，而纯以文字训诂解《易》。因为此种解释离开了"观象系辞"的宗旨，且古时字少，一字可与多字通假，因而使其训诂之解变成了一根"点石成金"的魔术棒，如解《易》之"亢龙有悔"为"沆龙有悔"，解"有孚惠心"之"孚"为俘虏等。此种论说早已不是平和客观的研究，更兼之对《周易》

经文常以己意随便改动。古人著书是为存史，今人却如此迂曲以否定之，真可谓"尽不信书则不如无书"也。这些以反传统自居的人，固然以激昂的斗志示人，但其内心，却是作为中国人面对积贫积弱现实的深深的文化自卑。也正是这种文化自卑心理，使当时顶尖级的学者不敢确认中国文化的长度和高度，弃典籍而"疑古过勇"。新文化运动对现代中国的文化转型虽然起到了积极的作用，但在约一个多甲子的时间里，传统文化还是受到很大冲击，尤其是经学研究，多被贴上负面标签，处于文化边缘。

《易传·序卦》曰："物不可以终尽剥，穷上反下，故受之以复。"万事万物在最低潮之时，往往孕育着崛起的曙光。在20世纪最后三十年，传统文化终于迎来了其否泰运转之数。20世纪70年代前后，随着"亚洲四小龙"的崛起，部分国人发现由儒家文化传统一样能开发出现代文明，实现富国强兵。因而由70年代末至80年代，中国传统文化开始复兴，学者们重新认识与评价孔子，开辟学术园地，研究传统经典，在"果行育德"中宣讲中国传统文化。当此"屯起"之时，参与其中的学者们多有"致命遂志"之信念，怀着对传统文化的自觉与自信，承担起学人们的历史使命。在"君子以经纶"的求索中，逐渐有了中国传统文化全面复兴的良好形势。到90年代，随着学术队伍的壮大、民间人士的响应，传统文化的发展成为一种潮流，从20世纪初至六七十年代，一直被不屑、被轻视、被批判的古老"国学"竟重新"流行"！其实，传统文化复兴的根本原因，还是随着改革开放而形成的经济发展与国运昌盛。中华民族在崛起中汲取了传统文化的德性营养，进而随着国力的全面提升，民族自信和文化自信亦一步步恢复，人们对"疑古过勇"者的批判愈加明确，也愈加要求优秀传统文化参与国家和民族的崛起，实现文化层面的民族自信。故近年来传统文化重新走向庙堂，并成为中国特色社会主义文化的源泉，成为中国文化自信的根基。

历经百余年的波折，现在我们对于传统文化，已经有了比较成熟的态度。一方面，传统文化决不可丢弃，而应努力弘扬。《易·贲卦·彖传》云："观乎天文，以察时变；观乎人文，以化成天下。"文化与天下相系，何其重要！而现代文明体系中的民族与国家，也都是以各自文化为根本标志，传统文化是一个国家与民族的灵魂。若我们当真"全盘西化"，抛弃传统，则何以能名为"中国人"与"中华民族"？民国初年部分人的文化自卑心态，其根本原因是出于知识分子对国家贫弱的痛心与激愤，但历史的发展已经澄清，贫弱或富强绝不能简单地与中西文化之优劣画等号。因此，我们应怀着骄傲，确立我们的民族文化自信，更加努力地传承与弘扬优秀传统文化，以助力国家的全面复兴与强大。另一方面，承继传统文化绝不意味着固守。全然守旧的老路是走不通的，对传统文化要进行深入的研究，批判剔除其中的消极内容；同时应着眼现代文明，结合当前现实，努力由"旧识"开出"新知"。《诗·大雅·文王》云："周虽旧邦，其命维新。"冯友兰先生尝引之以期许国家的前途，而此亦是我们对中国传统文化的期许。在传统文化中，《周易》兼有源头与总括的性质。《周易》是中国最古老的典籍之一，它极天地之渊蕴，究人事之终始，开中国文化之源，影响了先秦诸子与历代学术思想。《周易》又是中国文化的最高典籍，两汉时为群经之首，魏晋时为三玄之冠，宋明时为理学之基；迄于近代，亦是中国学术转型的重要根据。近代著名学者，如熊十力、马一浮等先生，俱以大易为最高旨归，而致力于开辟当代新学。《周易》还关涉中国古代的一切文化现象，正如《四库全书总目提要》所总结的："易道广大，无所不包，旁及天文、地理、乐律、兵法、韵学、算术，以逮方外之炉火，皆可援易以为说。"更为突出的是，《周易》文化在海外有很大的影响，如莱布尼茨、荣格等西方学者胥受《易》之影响进而推崇《周易》，而韩国则径取太极八卦之象作为国旗。一言以蔽之，《周易》是中国优秀传统文化中的璀璨代表，在世界文化中占有重要地位，自古至今都有其独特的魅力与重要的影响，我们应下大力气继承与弘扬。

"周易文化讲论"丛书的策划，是受国家汉办前主任许琳的嘱托，她说：一门学问的研究，深入不容易，浅出往往更难，你们能不能用当代人的视角，以显明易懂的文字，对《周易》中当前人们关注的基本精神和核心内容，向读者做一个介绍？为此，经反复讨论，我们既着眼于《周易》文化的传承与弘扬，又针对当下之文化关切，选取了十个主题对《周易》文化进行讲解。"周易文化讲论"丛书包括了三个部分的内容：

第一，总论一讲。"《周易》与中国文化"一题中，作者系统梳理了《周易》的基本精神、核心内容与主要特质；并由《易》与儒释道的关系，确认《周易》在中国传统文化中的重要地位。另外，作者又从中国文化的总体视野入手，简明扼要地介绍了《易》与中医、气功、天文气象、风水术、音乐、兵学、音韵学、数学、炼丹术等传统文化的密切关系，展现了《周易》的文化广度。

由此总论一讲，读者可了解《周易》文化的整体样貌，更可管窥《周易》作为大道之源，对中国传统文化各领域无所不包的全面影响。

第二，跨文化领域五讲。我们选取近年来人们关心的五个主题，以不同文化领域之视角，详说易道之流行。"《周易》与养生"一题中，作者分析了《周易》阴阳、气论、感通等思想对中国养生学的重要影响；并以气功等实际功法为例，具体展现了两者之间的深刻联系。更为重要的是，作者于最后一章论《周易》与哲理养生，根据《周易》中的快乐主义、诗意生活、道德修养等，提出由生命境界的提升、由养神来养生的观点。结合现实来看，随着生活水平提高、人口老龄化加速，当前养生越来越受到国人的重视，运动、食疗等养生方法非常流行；但养生不仅是养身，更是养心、养神，人们往往不太重视生命境界的提升。故本讲所论，哲理养生是中国养生学的根本特色所在，是最重要的养生方法，实极有现实意义。"易学与中国建筑"一题中，作者由中国古代的城市兴建、宫殿建设、礼制建筑、民间建筑、宗教建筑等五种建筑类型，图文并茂地举例，探讨了其中所应用的《周易》之象、数、理等内容。书中所举之例，既包括隋代大兴城、唐代洛阳明堂等仅载于古书的建筑，又有新疆特克斯八卦城、北京故宫等仍保存完好的建筑。通过本书，读者可由《易》之视野，领略到这些建筑不同的魅力。另外，《周易》所论三才之道、天人合一等思维，在当今世界范围内均突显出其价值。故现代建筑学中，也越来越重视以《周易》为代表的传统文化理念。可以预见，《周易》与中国建筑的联系在未来将会更加密切。"《周易》与儒学"一题中，作者详细考辨了孔子读《易》、赞《易》之事；勾勒了儒学与《周易》两者之间相互影响、相辅相成、交相辉映，最后融为一体的历程；同时爬梳了孟子以降的历代儒学与易学之源流。"《周易》与中国文学"一题中，作者首先确认《周易》经传的文学性，确认《周易》本身就是一部优秀的先秦文学作品；进而从文学创作出发，梳理历代文学作品中对《周易》的广泛引用；又从文学批评出发，分析了《周易》哲学对中国文学理论的深刻影响。值得一提的是，作者在当代文学部分，用了相当篇幅介绍金庸武侠小说与《易》的关系。对金庸所用到的武功名称、招式名称、武术思想等，进行了较为细致的分析，揭示了其背后的易学理论。通过对当代流行元素的关切，极大增强了全书的可读性与趣味性。读史释《易》，向来是一个讲《易》的传统命题。"《周易》与史学"一题中，作者一方面由《易》观史，梳理《周易》经传中的历史故事与社会史资料，分析《周易》哲学对中国史学的影响；一方面由史观《易》，梳理史书中的易学资料与易学家，并举例探讨了历代史学大家的史学与易学思想。按易学与史学，自古至今联系密切：在古代突出表现为"以史治易"，古人常常用历史故事来注解《周易》，以参证《易》之思想，故有史事宗之易学；在近现代则突出表现为以《易》治史，一批学者受新史学影响，鼓吹"六经皆史料"，热衷于在《周易》经传中考察古代历史故事与社会史资料，取得了一些成绩。读者通过本书，当可大体了解史学与易学的深厚渊源。

第三，《周易》文化自身四讲。我们选取四个主题，由不同角度，详说《周易》文化自身的丰富内涵。"《周易》智慧"一题中，作者从具体卦爻出发，深入卦爻所象征的宇宙时空之具体情境，揭示个体生命在不同"时"中当效法取用的处世智慧。通过本讲，读者一方面可了解践行这些处世智慧，一方面可学习《周易》经传的解读方法。更为重要的是，作者针对人人皆身处祸福的考验与纠缠之中、关注命运而祈福避祸的现实，撰"吉凶之间求福避祸"一章，介绍《周易》预测吉凶悔吝、指导趋吉避凶的方法，介绍中国古代理性务实、不信仰鬼神的选择，介绍孔子阐发易理、观《周易》德义之道的方向。现实社会中，人们的生活节奏很快，经常身处多种选择、祸福不定的境遇之中，故而热切地希望管窥自己的命运。作者此章所介绍求福避祸、德义之道等关于命运的智慧，对读者思考命运问题、提升自我的生活质量，当有启发意义。"《周易》与人和之道"一题中，作者针对"和谐"的时代主题，由《同人》《睽》两卦，阐发《周易》所揭示的人际和谐之理想和原则；进而由具体的夫妇、父子、朋友、上下之关系入手，阐发《周易》中的和谐智慧。作者尤其详细考察了《周易》关于君民和谐的论述，深度发掘其中的民本思想，颇有新意，且对政治实践有一定的借鉴意义。"《周易》的思维方式"一题中，作者以现代文明与中西比较之视域，贯通《周易》经传，探讨《周易》中的思维方式：从内容上讲，有阴阳和谐、广业利世、应时鼎革等思维；从形式上讲，有形象、运数、直觉、逻辑、辩证等思维。通过"思维"这一当代学术的角度，展现了《周易》文化的鲜明特征和独特魅力，也展现出中国文化的特色。其中，作者探讨广业利世之思维，认为《周易》德与业并提、义与利并重，推崇"修业""广业""大业"，主张"利者，义之和""利物足以和义"。

这对于我们纠正易学史中对广业利世的轻视，全面了解易学思想有一定的价值。"易学简史"一题中，作者以古代易学发展历史为主要线索，对各时期易学的主要派别、人物、学说进行介绍，勾勒出了易学发展的基本轮廓和大致格局。此讲可为读者阅读本套丛书，提供必要的易学基础。总之，《系辞传》赞易"广矣大矣"，由以上十题涉及之内容，亦可见一斑也。

鄙人认为，"周易文化讲论"丛书整体而言有以下几点特色：其一，多能本于新资料，介绍学术前沿，以匡正前人之偏失。如前文提到民国以来否定孔子与《易》之关系的疑古学说影响甚大，故"周易文化讲论"丛书在多处介绍了学界对于孔子与《易》关系问题的新结论。马王堆帛书《易传》的出土为此问题提供了极为珍贵的资料，其《要》篇载有孔子读《易》"居则在席，行则在橐"的情状，显然孔子不可能与《易》无关。在帛书《易传》中，孔子对自己的易学思想有充分的自觉，强调其真正重视的是"观其德义"的道德之途，而与史巫不同；孔子"德义"之途的思想，正与《易传》的主旨一致，故学界多确认《易传》是"孔子及其后学阐释和发挥《周易》古经而成"。这些材料与结论，可直接廓清民国以来否认孔子读《易》赞《易》的疑古风气，对于我们追溯文化脉络、挺立文化自信至关重要。其二，由现代文明之视域，尝试赋予《周易》文化以契合当下现实的解说。如丛书中反复论说《周易》中"德"之重要性，尤其由《中孚》卦、由孚信之义，可见《周易》对为人处世中"诚信"道德的重视。"周易文化讲论"丛书对传统易理的这一解释与强调，实有重要现实意义：市场经济是现代文明的重要特征，改革开放后，在商品经济浪潮中，不少人功利心太过，唯利是图，完全丢掉了诚信观念，丢掉了道德意识，甚至不惜违法。圣人云"君子忧道不忧贫"，真正的君子先存道后谋利，但在我们周围，这样的君子实在太少！我们热切希望读者中能有更多诚信守道之君子，从而扭转当下偏失的社会风气。其三，作为面向大众的文化读物，"周易文化讲论"丛书注意行文之通俗，避免艰涩深奥之辞，以适合文化的普及功用。

总之，本套"周易文化讲论"丛书兼备前沿性、时代性、通俗性等特点，我们希冀其在《周易》与中国传统文化的继承与弘扬方面，能发挥出一定价值。因为《周易》一书中包含的深奥易理和精微哲思，使其成为一部"书不尽言，言不尽意"之书，因而它凭借八卦与六十四卦卦象，"立象以尽意，设卦以尽情伪"。我们这套丛书所展示的，只是近三十余年来人们从现代文化的视角出发，贯通、探讨的《周易》经传中的人生智慧与思维方式。相信再过三十年，乃至一百年、二百年，随着我们生活内容的日益丰富与文化境界的不断提高，人们在岁月的流逝中将通过各种外显的八卦符号与内应的五行生克机理，寻求认识世界与把握世界的新方式。因而，《周易》将成为人们认识与改造世界、丰富自身文化发展的永恒研究母题与研究主题。而类似今日我们阐释

《周易》的这种丛书，今后将被一代又一代的后人不断推出，从而成为人们不断总结过去、改变现在、瞻视未来的创新动力。

本序之作，恰逢党的十九大胜利召开。十九大报告对文化非常重视，提出要"增强文化自信""文化自信是一个国家、一个民族发展中更基本、更深沉、更持久的力量"，要"推动中华优秀传统文化创造性转化、创新性发展"。我们当初设计这套丛书的想法，正响应了十九大报告的新思维，这使我们甚感欣慰，故略呈拙文如上，是以为序。

刘大钧

丁酉年小雪于运乾书斋

目　　录

《周易》智慧

2

第一章 顶天立地之人

当人和人生问题成为议论的话题，我们首先想到的就是人从哪里来，即人生的起点和前提。中国古代哲学把人与自然统一的关系称为"天人合一"。《周易》认为，自然界不仅是人生命存在的根源，而且是人的价值和生命意义的根源。

一、人之初生

没有生命的宇宙是混沌的整体，也就是元气

充盈的天地未分的状态。中国自古就有"盘古开天地"的传说：

2

很久很久以前，天和地还没有分开，宇宙混沌一片。有个叫盘古的巨人，在这混沌之中，一直睡了十万八千年。有一天，盘古忽然醒了。他看见周围一片漆黑，就抡起大斧头，朝眼前的黑暗猛劈过去。只听见一阵巨响，混沌一片的东西渐渐分开了。轻而清的东西，缓缓上升，变成了天；重而浊的东西，慢慢下降，变成了地。天地分开以后，盘古怕它们还会合在一起，就头顶着天，用脚使劲蹬着地。天每天升高一丈，盘古也随着越长越高。这样不知过了多少年，天和地逐渐成形了，盘古也累得倒了下去。他倒下后，身体发生了巨大的变化。他呼出的气息，变成四季的风和飘动的云；他发出的声音，化作了隆隆的雷声。盘古的双眼变成了太阳和月亮；他的四肢，变成了大地上的东、西、南、北四极；他的肌肤，变成了辽阔的大地；他的血液，变成了奔流不息的江河；他的汗水，变成了滋润万物的雨露；他的毛发，变成了遍布大地的草木……人类的老祖宗盘古，用他的整个身体创造了完美的宇宙。

关于宇宙生成，《周易》认为是元气的逐步衍生：

> 易有太极，是生两仪，两仪生四象，四象生八卦。（《系辞上》）

所谓"太极"就是元气充盈的混沌的整体，混元既分即有天地；"两仪"就是由元气所生的阳气和阴气；"四象"就是指少阳、老阳、少阴、老阴，在时令上又象征春、夏、秋、冬四季；四象再衍生，就形成了乾、坤、震、巽、坎、离、艮、兑八卦，对应分别象征天、地、雷、风、水、火、山、泽八种自然物。

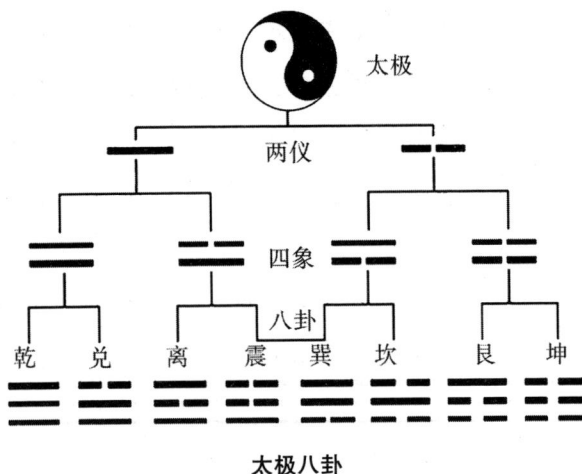

太极八卦

《易传》从太极到两仪，到四象，再到八卦的衍生关系，大体上与"盘古开天地"的传说是一致的，从数字上则表现为"1→2→4→8"的逻辑推演，这看起来是很奇妙而有趣的。

阴阳对偶，是中国传统文化中既古老又重要的范畴。无论是甲骨文或者金文，"阳"字均与"日"字相联系，因为太阳高悬，光芒下射，光照到的地方就叫作阳；人们认为"阴"为背日或日所不及，取阳之相反义，是相对于阳而言的。先秦典籍中阴与阳连用，既指阴阳二气，又作为两种相对待的势力和因素。阴与阳在《周易》中得到了十分广泛而又深刻的阐明，在自然界，阳代表天、太阳、运动等，阴则表示地、月亮、静止等；在人类社会中，阳代表男、君、刚健、有为等，阴则表示女、臣、柔顺、宽容等。阴与阳作为二气和两种因素，既相互排斥和对立，又相互依存、吸取和渗透，并相互转化，变易无穷。阴阳对待、对偶而又和顺、协调、统一，阴阳流转、变易，这是贯穿整部《周易》之中的精髓，也是解读这部历来被看作"群经之首""大道之源"的文化经典的关键。人们把握住了它，犹如找到了打开这座蕴含瑰丽而无穷智慧宝库的钥匙。

六十四卦生宇宙万象。
八卦生六十四卦，
四象生八卦，
两仪生四象，
太极生两仪，
无极生太极，

太极化生

5

　　提到"天"，人们当然想到日月星辰、风雷雨雪。概而言之，天为地面以上的整个天空，细而言之，有两层含义：一是指人们所能看到和想象到的宇宙空间，二是指地球以上的大气层。前者是天文学、宇宙学研究的对象，后者则是气象学研究的对象。这两层含义《周易》都曾论及。但是，《周易》论天之诸象，不是泛泛而论，而是与生命现象联系起来，例如，《系辞传》就把人的生命与天象对应起来：

　　　　日月运行，一寒一暑，乾道成男，坤道成女。

　　"地"是与天相对的概念，指人类和一切生命生存于其上的大地，没有任何一种生命能够离开大地，连空中的飞鸟也不例外。大地配合上天，开创化生万物，地球上才有了生灵。大地是人类社会赖以立足的根基。《左传·僖公二十三年》记载了这样一个故事：

晋文公复国图局部（南宋）

晋公子重耳落难出逃，经过五鹿（今河北浚阳县东）时，饥肠辘辘，于是向当地人乞讨，但当地人很不礼貌，从地上捡起土块塞给他。他非常气愤，想要揍那人。他的谋士子犯劝阻说："这是上天赐给你的土地呀！"言外之意，有了土地就有了建立社稷的基础。重耳明白了，于是向土地行礼，"受而载之"。后来重耳强大了，打了回来，占领了卫国的土地，果然受土得福，成了春秋五霸之一的晋文公。

大地对生命的意义曾引起古人（不止一个民族）的顶礼膜拜，这种崇拜在今天仍然留有痕迹。游子远走千里，随身携带故乡一抔土；现代诗人极为抒情地说："啊，地球，我的母亲！"

8

天地开创化生万物，于是宇宙中才有了生灵，生命的不断演化和提升，才有了万物之灵的人类。这是一个完整的序列，《周易》的《序卦传》对此作了非常清楚的推演：

有天地，然后万物生焉，盈天地之间者唯万物。

天地氤氲，万物化生，男女构精。万物生成过程是由低级向高级发展的，其顺序是：

天地→万物→男女→夫妇→父子→君臣→上下→礼义。

礼义是专对人而言的，只有人类才有仁义、礼义，从而区别于禽兽；也只有人才能尽其仁义、礼义而"成人"，并进而"成物"。人的仁义与天地之阴阳、柔刚是一种生命的"进化"关系。阴与阳（柔与刚）作为两种普遍的要素，也是两种基本的功能，推动自然界变化，产生了一切生命。自然界的生成变化向着一个有秩序的目的进行，人的仁义之情就是在这一过程中产生的。

二、人之长成

人来到世界上，首先面临的是成长为真正的人。人的成长离不开教育，通过教育而获得德性、知识和能力。《周易》创作的根本目的，在于通过揭示、模拟和描绘自然界与人类社会运行变化的基本道理，从而进行人文教化，引导人们遵循一定原理思考问题，预测未来。

乾（天）坤（地）创生万物，万物初生之时受"屯"难，而生命破土萌芽之后，首先就是混沌蒙昧状态；《蒙》卦（䷃）在《屯》卦（䷂）之后，对这种状态作了概括，并揭示了怎样才能走出蒙昧幼稚的状态，其根本在于承受教化，启蒙发智。此外，《易经》中的《小畜》《大畜》《颐》《恒》《萃》诸卦和《易传》也从不同侧面谈到教育，反映了人的成长过程。《蒙》卦卦辞：

10

蒙，亨，匪我求童蒙，童蒙求我。初筮告，再三渎，渎则不告，利贞。

《彖传》释曰：

蒙，山下有险；险而止，蒙。蒙亨，以亨行，时中也。匪我求童蒙，童蒙求我，志应也。初筮告，以刚中也。再三渎，渎则不告，渎蒙也。蒙以养正，圣功也。

《蒙》卦卦象

　　《蒙》卦象征蒙稚，上卦艮为山，下卦坎为水，譬如高山下有险阻，遇险止步，亨通。可以顺沿亨通之道进行启蒙，要把握适中的时机。并非我去求蒙昧的幼童，而是蒙昧的幼童前来求教于我。像问卜一样，应当诚心诚意地求教。第一次问卜告诉他，若再三地问就是对神灵有些冒犯，就不告诉他了。启蒙坚守正道，就有利。启蒙、教育是为了培养人走正道，这是神圣不可侵犯的。

　　这段卦辞和《象传》文辞，揭示了教育的必要性，充分肯定了教育的价值和意义。树木生长时如果幼苗得不到护理、扶植、浇水、修剪，就难以长成栋梁之才；没有及时、适当的启蒙、教育，人就难以成长为有用之才。任何人一生下来都要经过蒙昧幼稚的童年，人非生而知之的圣贤，人类的文化知识和生活经验，不可能像生理遗传那样自然传递给下一代，任何人都要接受家庭、学校、社会各种渠道的培养和教育，逐渐增长知识和技能。人的品德、知识、才能，都是通过接受教育和锻炼才能获得。否则，他就难以在社会上独立生活，更谈不上成就一番事业。教育的根本目的和宗旨在于使人摆脱蒙昧、野蛮、幼稚的状态，培养为人处世的正道，把自然人培育成为合格的社会人，即对社会有用的人才。

《说文解字》里对"教育"一词的释义也是如此：

> 教，上所施，下所效也；育，养子使作善也。

"上所施，下所效"，指的就是"人文化成"；"养子使作善"，指的就是培育君子、贤人。"教"字从孝，就是由孝字而生的，是形声字。《说文解

退修诗书（明《圣迹图》之十二）

字》说：

> 孝，善事父母者。从老省，从子，子承
> 老也。

甲骨文的"孝"字像一个曲背的老人手抚幼子之头，孩子仰头尊敬父老，表示父祖与子孙之间的亲爱之意。

《礼记·曲礼上》云：

> 为礼以教人，使人以有礼，知自别于

13

禽兽。

这正是强调了教育对于人脱离动物界的意义。

甲骨文　　金文　　小篆　　楷书

"教"字诸体

"教育人才，为根本之计。""一年之计，莫如树谷；十年之计，莫如树木；终身之计，莫如树人。"因此，教育对人、国家和民族都是神圣的事业。

《象传》对《蒙》卦解释道：

山下出泉，蒙。君子以果行育德。

《蒙》卦上山下水，这里以山下流出泉水说明《蒙》卦的形象。泉水自山下流出，开始是潺潺细流，最后汇成滔滔江河，滋生万物。幼童的启蒙教育也是如此。君子应当效法这一精神，以果敢的行动培育幼童的品德。"德"有道德、品德、德性之义，德育也相应地指人的品德、道德、德性在家庭、社会、政治各层面上的教育、培养与修养。德育所要解决的核心问题，是做什么样的人，怎样做人，即人生观问题。它决定着一个人一生的目标、走向和动力，历来被看作人生的"方向盘""坐标"和"发动机"。以《周易》为代表的中国传统文化历来十分重视德育，把德性培养看作使儿童摆脱蒙昧无知状态的首要任务。"君子以果行育德"，表明我国自古以来就把握住了启蒙教育的根本问题。

《周易》所包含的关于教育的规律与方法，是先哲们对长期教育实践和社会生活经验的总结和提炼。

第一，有教无类，以化成天下。教育机构和教育者面对教育对象，不论哪一类人，都应该一视同仁地对待，不应有人格歧视，不能随便剥夺一部分人受教育的权利。孔子门生三千，贤者七十二，以其施仁教的实践对平等教育做了生动的诠释。刚与柔交错运行，显示出天地季节变化；社会制度和礼仪，显示出人的伦常秩序。观察天地的运行，可以明察四季时序的变化；观察人的伦常秩序，以便教化天下，达到移风易俗的目的。

16

第二，从实际出发，区别对待。这要考虑受教育者的实际情况，如家庭与环境的影响、智力发育情况、求知欲望、自制能力、性格特点等，同时要考虑教师的教学能力、水平，考虑教育活动的客观条件，如学校环境、教学费用、设施等。根据这些实际情况，提出教育内容、形式、手段、时间等方面的具体要求，这样才能易见成效。例如，面对幼稚蒙昧而柔顺的儿童，不分青红皂白地硬加斥责、惩罚是不利的；若是学生果真消沉、冥顽不化，甚至蛮横撒野，也应利用刚猛的警示唤醒，使用严厉的批评甚至处分，使其不至于走上邪路。

第三，彼此顺应，教学相长。教育者与受教

育者，即教与学两方面能否彼此顺应以及顺应的程度如何，是决定和衡量教学效果的标志。双方的配合与适应达到较高程度，就进入教学相长的理想境界。

第四，久于其道，不可见异思迁，急于求成。教师要以崇高的责任感始终如一专心于教育事业，不能因对象出现这样那样的问题而动摇，丧失信心。学生获得知识有一个逐步积累和深化的过程，因而要循序渐进，逐步提高，持之以恒。

第五，订立规矩，振民育德。没有规矩，不成方圆，只有建章立制，订立规矩，才能把人的行为纳入一定规范之中，养成自觉遵守的习惯，振奋人们的精神，培育良好的道德风俗。

第六，以常德行习教事。教育者要重视自身道德修养，自己必须先具有常德，像山泉流水一样一刻不停、坚持不懈地修养，同时钻研教化的方法，从事高尚的教育事业。

三、进德修业

人来到世界之后，通过启蒙发智，从自然人成长为社会人。这个过程，也就是他在现实社会上进德修业。概括起来说，人在世间所做的一切无非是两大方面：为人与做事。

所谓进德修业，就是指人生在世，要不断增进美德，营修功业。"德"指人的品德、伦理、德性、美德；"业"指人的职业、事业、功业。人们所从事的工作、谋生的手段是职业；人们所从事的、具有一定目标、规模和系统而对社会发展有积极影响的经常性活动，叫事业；人们从事一定事业过程的总结、追求事业所获得的积极成果，就是功业。《周易》将德与业并提，重视一般人的进德修业，倡导君子崇德广业，追求盛德大业的理想境界。在《周易》这部经典中，我们看到德与业二者关系密切，相辅相成。这在传统文化典籍中独树一帜，别具特色。

《坤》卦六五爻辞："黄裳，元吉。"《象传》解释为："黄裳元吉，文在中也。"《文言传》加以发挥：

> 君子黄中通理，正位居体，美在其中，而畅于四支，发于事业，美之至也。

黄是大地的颜色，五色之一，居于中央，象征人具有中庸谦逊的态度。"黄裳"，黄色的下衣；"文"，指美德；"发于"，即表现于。按照《文言传》的阐释，君子应当像黄色一样位居中央，通情达理；君子应使自己保持正当的地位，美德就具备于身体内部，畅达于四肢而活动自如；君子应当使美德向外表现在事业上，这才是美的极致。

具体说来，所谓美德表现于事业上，应包含两层意思：

第一，美德不外露方得吉祥。称得上美德的

东西一定是深沉的、埋藏于人的思想深处，而不轻易外露于人，不自我炫耀，不哗众取宠。反之，则是金玉其外，败絮其中。不外露的美德意味着中庸谦和、谨言慎行。这样可以使自己安守本位，通情达理，条理分明，左右逢源。因此，自然会获得吉祥如意。

　　第二，美德通过事业得以表现出来。美德之于言行是本质，言行之于美德则为现象。美德不外露不是绝对不显现，并不是完全否定美德的自然表露。相反，人的德性修养总要在其言谈举止中体现出来，言谈举止总是从不同侧面展现出人的德性和素养。人的任何品德，包括美德在内，都是用以协调人与人、人与社会的行为规范，因而必然要在日常为人处世中表现出来，特别要表现在事业中。人的职业与事业是人生基本的实践活动，不仅凝结着人的知识和技能，而且凝结着人的德性和人格。

　　志与业关系密切，立志历来被看作是"事业的大门"，是人生价值目标的确立、人生道路的起点。"志"字在《周易》中频繁出现，中国古人以立志为成人与做事之本，特别强调"持志"，即坚持志向的一贯性、稳定性和坚定性。成人与做事的过程，不仅有志与无志不一样，而且志向大与小也有很大差别。中国文化崇尚"志存高远"，《系辞传》认为，君子的远大志向应该是：统一天下人的思想，成就天下人的事业，解决天下人的难题。

周文王姓姬名昌，姬昌原是商末周族首领，占领西岐，被封为西伯侯。他继承先辈遗愿，立下远大志向，广施仁德，礼贤下士，发展生产，深得人民的拥戴。昏庸残暴的殷纣王对他产生猜忌和不满，听信谗言，将他囚禁在羑里城（今河南省汤阴县城北，后被称为中国最早的监狱），受尽了种种酷刑和人格侮辱。相传纣王最残忍的是把姬昌的长子伯邑考杀害，剁成肉酱，烙成肉饼，强令他吃。他为了除暴安民，含悲忍苦吃子肉，才

康国贤咸诸侯归国
易演後天语楷至德
文王

周文王像（明代绘制）

免遭"蚕盆""炮烙"酷刑。高龄而身陷囹圄的姬昌发愤治学，潜心钻研，充分利用被囚的七年时间，将自己治国理政的经验和智慧加以总结，将伏羲先天八卦改造成后天八卦，创造性地推演八卦为六十四卦、三百八十四爻，并给每卦加上卦辞和爻辞，用这种形式来推测自然和社会的变化，为《周易》创作和周王朝建立做出了重大贡献。他的继任者周武王发动革命，最终推翻了商纣王的统治，取商而代之，实现了姬昌的宏志。

姬昌的故事告诉后人，无论事业顺利的时候，还是身处逆境磨难，一个有大作为的人，都应当志存高远，进德修业。他身在狱中，却心怀天下，他自狱中释放回去后的表现就是最好的例证：暗中修德行善，推行善政，众多诸侯都来请他裁决纷争，归附于他，其势力日益强大，而荒淫无道的殷纣王，失道寡助，诸侯多背叛他。除暴安良，治国建业，传承与创新文明，这些远大理想成了姬昌顽强活下去的精神支柱，成了他自强不息的心头明灯。这也是我们从"文王拘而演《周易》"中得到的启发。

通读《周易》，我们发现它强调人在进德修业中要做到：遵循规律和原则，立志成就大业；敬业乐业、忠于职守、诚信有孚、精益求精；坚持操守，有恒心，有毅力；善于知变和权衡，长于应变和取舍；懂得积小成大，不忽视小节；慎终如始，成功之后要戒骄、思进。可见，这部两千多年前的经典所蕴含的人生智慧，真是异常丰富，弥足珍贵。

四、三才之道

所谓"三才"，在《周易》中指天、地、人三者，"三才之道"相应地就是天道、地道、人道。"才"，也写作"材"，两者通用。这里的"才"可以理解为元素，不只是材质、材料，而且指才能、德行。《易传》正是通过对"三才"与"三才之道"的阐发，才建构起它完整的思想体系、结构和内容。在这个体系和结构中，人鼎立于天地之间，不仅是万物之灵长，而且是唯一之德性存在，成为真正大写的"人"。

《系辞传》说：

《易》之为书也，广大悉备。有天道焉，有人道焉，有地道焉，兼三才而两之，故六。六者非它也，三才之道也。

六十四卦每一卦都有六爻，每两爻组成一才，共有三才：初爻、二爻代表地道，三爻、四爻代表人道，五爻、上爻代表天道。就是说，《易》这部书内容广大而完备，博大而精深，它专门系统地研究并阐明了天、地、人三才之道。

六画卦之所以成六画卦，所凭依者并不是别的什么东西，就是由于它兼备了天、地、人三才并两两相重而成的。《周易》是通过卦和爻来研究、分析和说明天地人三才之道的发展变化情况，以指导人们在生活中趋吉避凶并走向成功的。圣贤的责任，就是学习和效法天地变易之大道，然后以此教化天下百姓。《易》作者的本意，就是要求每个人都自觉地学会自然界与人类社会运动变化的根本道理，从而获得有助于生活与事业成功的智慧。

什么是三才之道呢？《说卦传》对其内涵作出了明确的界定：

昔者圣人之作《易》也，将以顺性命之

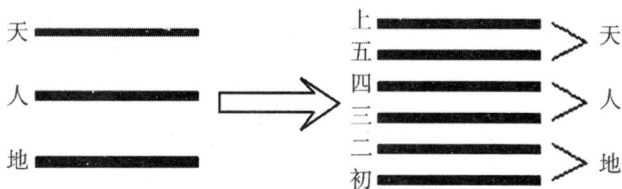

三才图

理，是以立天之道曰阴与阳，立地之道曰柔
与刚，立人之道曰仁与义。兼三才而两之，
故《易》六画而成卦；分阴分阳，迭用柔刚，
故《易》六位而成章。

所谓天道为"阴与阳"，是就天之气而言的，
即天有阴阳二气；地道为"柔与刚"，是就地之质
而言，有刚柔二性；所谓人道为"仁与义"，是就
人之德而言的，即人有仁义之德。而人道之所以
为"仁与义"，乃是由于人禀受了天地阴阳之气和
刚柔之性而形成的。

如果再往下深入探讨一步，为什么要立天、
地、人三才之道呢？用一句话说，这是由于古代

圣人要"顺性命之理"。"性"是指人性，"命"则指天命，即自然界的必然性和规律性。因此，圣人作《易》之所以要立天、地、人三才之道，是因为要顺从人的本性与自然界的必然性。在这里，穷尽人之性与穷尽物之理，与自然规律相协调，它们之间达到了沟通与一致：天道和地道乃是人道的范本、标准、指南，人道应该学习、效法、实践天道与地道。

《周易》的作者，以"阴阳"高度概括了天上万象的运动情况及其规律，以"柔刚"高度概括了地上万象的变化情况及其规律。合起来看，天之阴阳、地之柔刚，就是对整个自然界万象运动变化情况及其规律的高度概括。与此对应，"仁义"则是对人间万象的变化情况及其规律的高度概括。

天、人、地三才，天道、人道、地道，三者并列，人和人道居其一。大写的"人"头顶寥廓而深远的天空，脚踏苍茫而深厚的大地，鼎立于天地之间。作为天与地沟通的中介，人的地位是很高的，显然，其他一切动物、植物都无法与之比较，不可相提并论。

虽然天、人、地各有其道，但三者的功能并不相同。天之道在"始万物"，就是创始万物；地之道在"生万物"，就是使万物得以生长。天地之道合则化生万物，这是宇宙生成原则。人之道作用是什么呢？是"成万物"，就是使万物最终成为他们自身而不是别的什么，这是宇宙实现原则。人具有独特的价值和作用。三才之道也可简称为天人关系。

天人关系问题所讨论的焦点，就是天道（广义上的天道，包括地道在内）与人道、自然与人的关系问题。其实，天人关系的问题，早就成了先哲们思考的一个重要问题。我国古代的多数思想家都反对把天与人完全分开来，而主张"天人合一"的学说。他们都力求把天与人联系、沟通起来，使两者相协调，保持平衡，趋于一致，合二为一，直至达到完全和谐美好的理想境界。这种"天人合一"的思维定向与思维模式，曾经产生广泛而深远的影响。

《周易》的天人观实际上可从两端来理解：一是天对人而言，便是"乾道变化，各正性命"，即自然界使人各有其性命，人作为万物之一类有其独特的地位和尊严；另一是人对天而言，则是"继之者善，成之者性"，即人在天地万物中担负一种神圣的使命，实现自然界赋予人的目的，完成人之所以为人之性。

"仁与义"是人之为人的性命，事物都无此性。仁义本之于自然，"元者，善之长也"，是说元是善的生长点，但还只是一种"向善"的自然过程，真正"继"此而生者便是人，人继此而为善这才是自然目的的实现。"善"是一种目的，要成为人之"性"，只有靠人自身去努力才能实现。人经过努力实现了，就是"成性"。"成性"既是人自身的事情，也是人对待自然界万物的态度问题。把人的生命存在上升到人之为人的第一道德要义，即追究人存在的价值和意义，这个价值就是普遍的道德情感与道德理性。

天地人三才（作者拍摄）

《周易》最早明确而系统地提出了天地人"三才之道"的伟大学说。这个学说早就深入到中华民族内心，贯穿于民族的人伦日用之中，牢固地培育了中华民族甘愿与天地合一、与自然和谐的精神，使人们对天地自然持有极其虔诚的敬重之情。

中华民族与天地和谐相处的高明智慧，对于我们今后改进、协调、整合人与自然环境的平衡发展的关系，构建和调整人与社会、人身与人心的和谐关系，使生态、世态、心态的三态都能同步平衡又和谐发展，对于中国社会科学的可持续发展，对于整个世界和平发展，对于创造人类更美好未来，都将具有巨大的启示和借鉴意义。

第二章　面对困境的智慧

　　前面我们所谈的内容是从宇宙宏观意义上，把人作为一个整体看，主要是了解整体的人来到世界上，接受教育，进德修业，确立其在宇宙中的地位与价值。整体的人是由众多的个体组成的，每个个体的人的生活是怎样的呢？他的人生之路应该如何走呢？本章开始解读《周易》的分析和回答。

　　从一个人的一生来看，是漫长而复杂的历程，有顺利和上升的美好时光，也有遇到挫折和艰难的时候。人生十有八九不如意，则是十分正常的事情，因为人间十有八九皆为凡人。人应当怎样对待困境呢？在《易经》六十四卦中，屯卦（☳）、坎卦（☵）、蹇卦（☶）、困卦（☱）、需卦（☱）等，从不同侧面展示了面对困境的诸多人生智慧。

一、万事开头难

在《乾》《坤》二卦之后是《屯》卦。屯，字形就像一粒种子刚刚萌芽而出的样子。从卦象看，坎卦在上，震卦在下，重叠成《屯》卦之象。草木初生，破土而出，萌于地表，虽然艰难，却是万物滋生繁衍的开始，潜含勃勃向上的生机与活力，其势不可阻挡。这一卦的基本象征就是初始、艰难，还有充盈、积蓄之义。

《象传》大意说，《屯》卦体现了事物中代表阳刚的一方与代表阴柔的一方开始交战时的基本态势，艰难之象由此而生。变化于险难中，这样

《屯》卦卦象

的态势可以持守。雷鸣电闪，乌云密布，其景象充盈于天地之间，这是天地造化万物。草创之初，一切还在混沌之中。反映到人事上，就是名分未定，天下未安。适宜建立王侯的基业，要有所作为，而不可安于现状。

《周易》主张人生开篇应当奉天明时，并顺天应时。顺天应时包括两种情形：当际遇到较为顺利的时机如《泰》卦通泰时，要冷静理智地对待并倍加珍惜、充分利用之，以成就一番事业；要有谨慎自警的忧患意识，不可得意忘形、忘乎所以。这种情形我们将在第三章展开。

当遭逢到不理想甚至艰难时势如《否》卦的否闭处境时，也不必悲观、颓废，更不能自暴自弃。反而要认识到时遇无常和命运的循环流转，当前的不理想未必不会变为较为理想者，从而坦然直面当下的时遇，以足够的耐心和理智化不利为有利，以乐观精神向着未来前进。

鉴于这两种情况，《易传》倡导一种不卑不亢、不骄不躁的君子气度。《文言传》说，真正的君子"居上位而不骄，在下位而不忧，故乾乾因其时而惕，虽危无咎矣"。在后一种情况下，生不逢时的君子的恢宏胸襟、坚毅心志、高尚情操，更令人肃然起敬：

> 不易乎世，不成乎名；遁世无闷，不见是而无闷；乐则行之，忧则违之。确乎其不可拔，潜龙也。（《乾·文言》）

君子不被污浊的世俗改变节操，不迷恋于成就功名；逃离这世俗不感到苦闷，不为世人称许也不苦闷；称心的事付诸实施，不称心的事决不实行，具有坚定不可动摇的意志，这就是所谓"潜龙"。这是儒道二家兼融的人文情怀：既出世又入世，既无为而又有为。

春秋时期，越国在一次战争中被吴国打败，越王勾践被吴军围困于会稽山上，不得不向吴王夫差屈辱求和。从此，越国臣属于吴，受到吴国的控制，越王勾践还到吴国宫廷中服了三年的劳役，看祖坟、喂马，还给夫差脱鞋，服侍他上厕所，过着奴隶般的生活。夫差的几匹马被勾践喂得滚瓜溜圆，外出游猎时，勾践要跪伏在马下，让夫差踩着他的脊梁上马。为图复国大计，勾践顽强地忍耐着吴国对他肉体和精神的折磨，对夫差表现得恭敬驯服。

勾践被吴王赦免归国以后，竭力谋划报仇雪耻。为了激励自己的斗志，他疲倦了要休息时，不用床铺，不垫被褥，而是把硬柴叠起来睡在上面，以使自己的筋骨感到疼痛。他还在屋中吊了一个苦胆，每天出入、起坐、

勾践卧薪尝胆（明代绘制）

吃饭和睡觉时，都要尝一尝苦胆的味道，为
的就是不忘过去遭受的痛楚和耻辱。越王亲
自参加耕种，叫他的夫人亲自织布，努力发
展生产，精心治理国家，实行奖励生育的制
度。经过十多年的磨炼，各项措施得力，在
人民同心协力之下，越国逐渐发展强大起来。
勾践降低身份对待下面有贤能的人，对宾客
厚礼相赠；他扶助贫困的人，哀悼死难的人，获得了百姓的拥护和爱戴。一次吴王夫差带领大部分兵力去赴会，要求勾践也带兵助威。勾践见时机一到，假装赴会，率领三千精兵一举拿下吴国主城，杀了吴国太子，又擒了夫差。越国终于灭亡了吴国，成就了一番国家复兴的伟业。

38

越王勾践苦心励志，发奋图强，忍人所不能忍之辱，受人所不能受之苦，成为励志成功的典范：

　　有志者事竟成，破釜沉舟，百二秦关终属楚；苦心人天不负，卧薪尝胆，三千越甲可吞吴。

这个故事对一般人的启发意义在于：做事一定要有恒心，有毅力，肯下笨功夫。想成功，就要做一个有志者、一个有心人、一个吃苦人。

《屯》卦的含义在"卧薪尝胆"的故事里得

到了生动的说明。这一卦告诉人们，在创业之初为人处世，既要冷静认清形势，立足现实，不轻举妄动，又要树立远大志向，苦心励志，利用宝贵的时机积极准备，积蓄能量，发愤图强。

二、面临重重艰险

《易经》第二十九卦是《坎》卦（☵），这个卦是同卦（上坎下坎）相叠。坎为水、为险，两坎相重，险上加险。卦辞意思是，《坎》卦象征重重艰险，像水奔流一样，胸怀坚定的信念，执着专一，内心才能不畏艰险而获得亨通。这种奔流不止、坚强刚毅的行为必然被人们所崇尚。

《象传》对坎卦作出了这样的阐释："习坎。"意思是重重险陷，就像水流进陷穴不见盈满。行走在险境而不丧失信实，就能使内心亨通，这是由于阳刚居中不偏；困难中努力前行必被崇尚，因为勇往直前积极进取可建功立业。天险高远无法升越，山川丘陵的地险也难以逾越，国君王侯于是效法天地之险，设立障碍守护国境免遭侵犯。可见，"险陷"的功用是多么宏大呀！

谈到《坎》卦，我们就不能不想起唐朝高僧玄奘西行取经求法的事迹。

40

唐贞观年间，高僧玄奘决心西行求法，先向朝廷申请出境，遭到拒绝。公元627年8月，玄奘单人匹马从长安出发，踏上了西行的征途。他随着商旅出了玉门关，进入了一望无际的莫贺延碛。莫贺延碛就是现在安西到哈密之间的大沙漠，又称八百里流沙。白天"热风如火"，晚上却又"寒风如刀"，气候变化无常。茫茫黄沙之中，天上看不见飞鸟，地上也不见走兽，连小草也不长。玄奘孤身一人，偶尔发现一堆堆白骨和驼马粪，就当路标引导前进。他走着走着，不小心把一袋饮水打翻了。回去取水吗？不能。玄奘

玄奘负笈图（宋代绘制）

发誓：宁可西进而死，决不东归而生，不到
天竺，誓不回头。在滴水不进的困难情况下，
他又走了四夜五天，口干唇焦，终于晕倒在
沙漠之中了。到了半夜，凉风习习，把昏迷
中的玄奘吹醒过来。幸好，那里离水草地不
远，那匹一路为伴的识途老马驮着他找到了
水源，好不容易脱离了险境。

41

玄奘西行到了高昌，信仰佛教的高昌王热情接待并支持他。高昌王赠给他许多金银衣物，挑选了五十多名向导和随从，亲自给沿途各国君主写了二十四封信，请他们关照玄奘。但是，路途仍旧困难，充满艰险。玄奘一行来到了高达七千多米、终年积雪的凌山，山上有多年不化的冰河，狂风暴雪袭来，飞沙走石，往往把人埋没、砸死，或者冻死。他们在冰雪封盖的大山中挣扎了七天，随行人员冻死了十分之三四。玄奘带着人马，爬高山，越冰河，战胜了一个又一个艰难险阻，经受了常人难以承受的困苦与磨难。

玄奘经过一年的跋山涉水，公元628年夏天终于进入了天竺境内。当时，印度在地理上分为东、西、南、北、中五部分，因而史称"五天竺"。从此至公元631年，玄奘游历了北印度的二十多个国家，访问了许多佛教圣地，也学会了梵文。第三年底，玄奘来到了摩揭陀国的那烂陀寺。后来，他又漫游印度东部、南部、西部各处，巡礼圣迹，拜访名师。两年多以后重返那烂陀寺，接受戒贤法师邀请在寺内讲经。玄奘在天竺的讲经等活动，所到之处受到当地君王、佛界和百姓的好评，享有极高的声誉。

公元643年春天，玄奘辞别了戒日王和天竺的朋友们，满载着六百五十七卷佛经和印度人民的友谊返程回国了。西游十七年后终于归来，玄奘受到长安城数万民众热烈欢迎。唐太宗十分赞赏他百折不挠的精神。在朝廷的支持下，他不仅翻译了大量佛经，还和弟子们一起撰写了《大唐西域记》，产生了空前的影响，对中外文化的传播和交流作出了重大贡献。

唐代玄奘取经的事迹，后来被吴承恩改编成小说《西游记》，在中国家喻户晓。玄奘历经磨难，矢志不移，为我们理解《坎》卦提供了最好的例证。

《坎》卦的卦形是一阳爻居中间两阴爻在两边，即两阴爻夹一阳爻。这种卦形使我们想起另一个故事。两个和尚有一天碰到一个女子要过河，她不敢下水，求两个和尚背过去。一位和尚毫不犹豫把她背过河，过河后放下走了一段路，另一位和尚还在那里笑，笑什么？笑话他犯戒了：你怎么能随意背一个女子？这个和尚说："我早就放下了，你怎么还没放下？"

女子是阴，河水也是阴，和尚正好是阳。这个和尚在女子与河水中间，他一阳不起，就是一念不起，他没有起淫心，所以只是不动的性，不是命，因而他是本来的先天之坎卦。另一个和尚呢？虽然没有背，但是他一阳浮起来了，浮起来以后他就成为命。性是不生不灭、不垢不净、不增不减，但命是有增减的，有生老病死。两个和尚，旨趣截然不同。透过这个故事，人们可以获得另外一种特别的人生智慧。

总体来看，《坎》卦是水，给人们很多的喻示。在凶险的环境中，它提醒人们保持住水之德，即中正之德，要不畏艰险，立志奋斗，这样才能脱离险境。该卦的中间是阳爻，代表一颗诚心，这就告诉我们为人做事要有诚心和恒心，百折不挠，再艰难也会克服。

水有深浅，涉水过河有危险，这就告诉人们要谨慎去摆脱这种险境；水有积蓄，涓涓细流汇成大川，这就喻示人们要有包容之心，善于积累；水居下，是柔弱的，但其威力是巨大的，滴水穿石，这就启示人们柔弱胜刚强；水的流动是经久不息的，这就告诉人们要不懈进取。做人还要保持低姿态，这样才能达到高境界，求得平安和幸福。

三、在遭遇不顺的时候

《易经》中集中表现不顺、困难、艰险的卦，除了前面讲的《屯》《坎》，还有《蹇》卦和《困》卦，分别居六十四卦之第三十九卦和第四十七卦。这两卦各有其角度和侧重点。

《蹇》卦，上坎下艮，坎为水，艮为山，山阻水险，水流不畅，故为"蹇"。卦中共有两阳爻，都处于不利地位。"九三"之阳爻在下卦艮之上爻，居互坎之中，处于险境；"九五"虽处尊位，亦陷于坎险之中，难以自拔。阳刚受小人包围和欺凌，处于涉济艰难之境地。这时需要有个德高望重之人率领渡过难关，故"利见大人"。

46

《蹇》卦卦象

《蹇》卦提醒人们，一方面当处于艰难险境时要用韬光养晦之法，保存自己的实力；但另一方面在困境中也不要完全消极等待，而是要抓住时机有所积累。

《困》卦，上兑下坎，兑为泽喻示喜悦；坎为水喻示艰险。泽水困，陷入困境，才智难以施展，仍坚守正道，自得其乐，摆脱困境，必可成事。《困》卦是《易经》中四大困难险恶的卦之一。

《困》卦卦象

　　《象传》大意用白话来说就是，困卦表示刚强者受到遮蔽压制，在险难中保持喜悦，处于困境而不失去他的坚持，依然通达，大概只有君子做得到吧。坚持自己正确的立场，大人吉祥，因为刚强者居于中位。自己说了话没有人相信，是因为只重视言辞不但无益反而更陷入困境。这里最重要的启示，是揭示了化困顿为吉祥的条件在于坚持，坚持正确的观念和做法。在困顿阻遏之中坚持自己的原则，决不放弃，不遁逃，这才是君子的作为。小人则难以做到。在困境中，正好可以考验一个人的人格。君子处于困境，要作最坏的打算，必要时可以牺牲生命。只有保持这样的坚心，才有可能"遂志"，即实现自己的志愿。

48

孔子为了推行以仁治国的政治理想，曾经带领弟子们周游列国十四载，历尽艰险和挫折，其中在陈国和蔡国边界就遭到围攻和断粮的困境，在历史上被称作"陈蔡之厄"。据《史记·孔子世家》记载：

当时吴国发兵攻打陈国，楚国出兵救援陈国，军队驻扎在城父。听说孔子在陈国和蔡国交界一带，楚昭王便派人去聘请孔子到楚国担任职务。陈国和蔡国的一些大夫闻讯后大为担心，他们认为孔子是有德有才的贤明人士，他所反对和斥责的都切中各国的弊政。最近，孔子多日留住在陈蔡一带，各位大夫的谋划和作为，都不合于孔子的主张。如果孔子被楚国委以重任，那么陈蔡两国执政的大夫就要遭遇危机了。于是就共同调遣役徒将孔子及其弟子围困在荒郊野外，断绝食物。随行的弟子都饿病了，爬不起来，没有精神，感到失望和沮丧。直率的子路很不高兴地来见孔子，他抱怨说："君子也有穷得毫无办法的时候吗?"孔子回答说："君子固穷，小人穷斯滥矣。"意思是，君子虽然穷但还是坚持着，在面临困厄的时候尚能守住原则，小人坚持不住就开始放纵自己了。在危难关头孔子为弟子们做出了榜样，仍然传他的道，授他的业，甚至弹起琴，唱起歌，如平常一样。

东汉初开国功臣、一代名将马援，曾以"老当益壮""马革裹尸"而闻名，他说：

大丈夫为志，穷当益坚，老当益壮。（《后汉书·马援传》）

唐代诗人王勃在著名的《滕王阁序》中也有一句名言：

> 老当益壮，宁移白首之心？穷且益坚，不坠青云之志。

50

这是最富思想内涵的警句，对后世产生了很大影响。古往今来无数有志之士，面对一切艰难险阻，总能执着地追求自己的理想，即使在郁郁不得志的逆境中也决不消沉，决不放弃。苏武牧羊的感人故事，历来为人称道。

苏武，字子卿，杜陵（今陕西）人。在汉武帝时期，苏武以中郎将之职奉命出使匈奴。由于匈奴的缑王谋划劫持单于母亲阏氏归顺汉朝，苏武因此受到牵连。为了威逼苏武投降，匈奴单于开始时将他幽禁在大窖中。被囚的苏武饥渴难忍，就吃雪和旃毛维持生命，但决不投降。单于又把他流放到北海

苏武牧羊（清代）

（今贝加尔湖），苏武更是不为所动，依旧手持汉朝符节，牧羊为生，他受尽屈辱，却表现了顽强的毅力和不屈的气节。汉昭帝即位后，汉朝和匈奴和亲，要求匈奴送还苏武等使臣，单于却谎称他们已经死去。后来，汉朝派使者又到匈奴地区，终于获知苏武依然健在，使者于是公开宣布，汉朝的天子在上林苑中射到一只大雁，雁的脚上系着帛书，帛书中清楚地写明苏武在北方的沼泽之中。单于只好把苏武等九人送还。苏武出使之初，才四十岁，正值壮年。他在匈奴地区遭受了十九年的折磨，胡须、头发全白了。回到长安的那天，人们都出来迎接他。大家看到白头发、白胡须的苏武手里拿着光杆子的旌节，没有一个不受感动的，纷纷说他真是个有气节的大丈夫。苏武在历史上成为尽忠守节的著名人物。

当人在生活中遇到挫折、意外，陷于困境的

时候，总不免情绪低落。比如，经济困难、事业不顺、工作不如意、身体染病、人际关系紧张、亲人遭灾难等等。身陷其中任何一种，都会让人感到艰难，甚至有时困难会接踵而至，令人难以自拔和解脱。许多人在艰难中迷失自我，变得意志消沉，丢掉了做人的基本原则；也有的人经受不住逆境的巨大压力，忍受不了这些痛苦，最后选择放弃，走入沉沦的终点。

对比孔子、苏武等仁人志士，意志消沉不可取，轻生自残更不可取。《蹇》卦和《困》卦的本义是艰难险阻，但这两卦都蕴含着这样的哲理和智慧：君子要对不利的处境有所知，知才能明；君子身处困境贵在坚持，穷且益坚，不坠青云之志；君子要善于审时度势，采取明智的对策，困境求通，度过艰难。

四、等待中的大智慧

前面谈的几卦都是困难险恶的卦，我们列举的事例也都是先贤经受磨难而展现人生理智的楷模。《易经》的《需》卦、《解》卦等，则特别重视顺天应时，等待和把握时机，彰显了善于积蓄力量、从困境解脱出来的智慧。

《需》卦，上坎下乾，卦名称作"水天需"。下卦是乾，刚健之意；上卦是坎，险陷之意。以刚逢险，宜持稳健之态，观时待变。《需》卦的卦象，上卦为水为云，下卦为天，因此是"云上于天"。云气在天上集结凝聚，尚未形成雨水普降。之所以如此，是因为按照大自然的规律，降雨的条件不具备，时机不成熟，要顺其自然，耐心等待，这就是该卦的象征。一个有所作为的君子处于《需》卦的总体形势下，应该调整自己的心态，不可急于用世，而要顺天应时，静待时机。这种生活方式不是整日吃喝玩乐，无所用心，消磨意志，而是意味着保持一个平常的心态，安时处顺，宁静致远，饮食以养其精气和身体，怡乐以和其心志，以便在时机成熟之时谋求更大的发展。

《需》卦卦象

《解》卦，上震下坎，卦名称作"雷水解"。《解》卦，是与《蹇》卦形象上下相反的综卦，困难必须解除，但解除后又容易耽于安乐，产生新困难，难与解相反相成。《序卦传》说：

> 物不可以终难，故受之以《解》；解者，缓也。

意思是事物不可能一味险难到终了，所以在表示险难的《蹇》卦之后接着是《解》卦，意思是险难缓解。《彖传》说：

> 天地解而雷雨作，雷雨作而百果草木皆甲坼，解之时大矣哉。

天地开解就会发生雷雨，雷雨发生，百果草木都破壳破土而出，解的时势太重大了！

养精蓄锐是治国的大端、安邦的要略，因为这一思想关系到民族存亡和国家安危。《易经》中的几个卦都有这方面含义：《解》卦侧重于指出要抓住时机及时迅速地脱离险境，为以后发展奠定

《解》卦卦象

基础；《小畜》卦要求人们蓄小积微、注意细节、养精蓄锐；《大畜》卦则强调化浮躁为笃实，为干一番大事业积极积蓄力量。从本质而言，养精蓄锐是固本培元、是远见卓识、是恒久不败的大谋略。

在人生旅程中，积极开拓和进取无疑需要智慧。其实，在一定条件下的等待和积蓄也是智慧，而且还是一种大智慧。

《道德经》说：道法自然。道常无为而无不为。圣人处无为之事，行不言之教。圣人以无事取天下。在老子看来，道的本质是自然无为，无为是无妄为，而不是绝对的消极无作为。圣人之所以以无事取天下，是因为他十分注意把远大谋略落实在日常的大量的积蓄中，不动声色地干着翻天覆地的大事，在无事中做事，在不言中行教，即在无为中追求着有为。这些名言警句都蕴含着丰富的哲理智慧，启迪人们要等待和把握时机，善于养精蓄锐，有大图谋才能做成天下大事。

一部《道德经》仅有五千言，流传两千多年，据说是世界上仅次于《圣经》发行量的一部人类文化典籍。之所以有这样历久弥新的翻译量、印刷量和阅读量，其根本在于所包含的丰富的、无穷的智慧，在于它对人类精神世界的恒常思辨、警醒和"淬火"作用。人类历史总有许多疯狂的时代，要么是战乱频繁期，要么是急剧上升期，要么是机制转型期，这时都需要听听老子不冷不热、不愠不火、不疾不厉、不狂不躁的言说。

在《三国演义》中，诸葛亮在远离都市的隆中卧龙岗隐居，过着布衣耕作的生活，实际上是《易经》所谓"需于郊"。他是一个胸有大志的人，"每常自比管仲、乐毅"。刘备求贤若渴，三顾茅庐才得以相见。他们相识后，刘备迫不及待提出要求，诸葛亮冷静地阐明大局："现在曹操已拥百万之众，挟天子以令诸侯，此诚不可与争锋。孙权占据有江东，已历三世，国险而民附，此可用为援而不可图也。"

接着，诸葛亮又对局势作出具体分析："荆州北据汉、沔，利尽南海，东连吴会，西通巴蜀，

三顾茅庐（明代绘制）

此用武之地，非其主不能守：是苍天所以资将军，
将军岂有意乎？益州险塞，沃野千里，天府之国，

高祖因之以成帝业。将军既为帝室之胄，信义著于四海，总揽英雄，思贤如渴，若跨有荆、益，保其岩阻，西和诸戎，南抚彝、越，外结孙权，内修政理；待天下有变，则命一上将将荆州之兵以向宛、洛，将军身率益州之众以出秦川，百姓有不箪食壶浆以迎将军者乎？诚如是，则大业可成，汉室可兴矣。"

说罢，诸葛亮叫童子拿出"画轴"，指着对刘备说："此西川五十四州之图也。"对取天下、成大业的步骤、方略，诸葛亮胸有成竹，甚至连地图都准备好了。诸葛亮在隆中，绝不是消极混日碌碌无为，而是在等待机遇，以展他的雄才大略。此恰为《需》卦意蕴。

汉末天下大乱，诸多人称王称侯。诸葛亮自己没有说，他为什么不去投奔明主而"需于郊"，而且久久不出山呢？诸葛亮隐身居于隆中，却极为密切地观察着天下时势的变化，并善于作出自己深刻的分析和判断。他十分清楚，曹操已拥兵百万之众，手下的参谋、策士、战将成百上千，他若去投奔，不可能身居要位。孙权家族经营江东已历经三世，也是故吏满门庭，他若是前往投奔，也不会受到重用。此时距他隐居地最近的是荆州的刘表，但他知道刘表不是成大业的人，因此诸葛亮认定只有刘备才是他等待的人。因为刘备有志"成大业"，且将乏兵少，身边没有得力谋士，也没有立足之地。这正好可以使诸葛亮获得重用，并且能发挥他"经天纬地"之才能。这又恰是《解》卦的意蕴。

如此看来，诸葛亮可谓是参透《需》卦与《解》卦奥理的大智者了，这当然与他卓越的眼光与才能分不开。作为一个未来的首脑人物，诸葛亮不仅把自己当成一个"不速之客"，耐心地等待时机，更把其实早已选定的刘备也当成自己的"不速之客"，让其在等待中接受自己的考验。两者相互需要，一拍即合，正是《需》卦和《解》卦的结合。令人称奇叫绝！这里面其实包含很多复杂的智慧，耐人寻味。

第三章　顺境中善于把握自己

62

　　西方人喜欢说，人生就是旅行。中国人说，人生于天地之间，每个人都只是一个过客，而不是归人，因为大家都在路上。作为路上的行者，一个人处在困境的时候比较容易听从劝告，当处在顺境的时候却不太愿意听了。其实，善意的劝告仍然是要听从的，它能够使人们把握住自己，而不至于迷路。

一、采取行动的要义

《易经》第十、四十八、五十三卦分别是《履》卦、《井》卦和《渐》卦，它们都说明了脱离艰难环境后，人们应当依礼行事，积极行动，求贤养人，循序渐进。但这三卦各有不同的侧重，值得留意。

"履"字，在《说文》中解释为："履，足所依也。"也就是说履是行走、实践、行动的意思。《履》卦反映了刚从险境中走出来的状况，卦辞以踩在虎尾巴上为比喻，形象地告诉人们要小心行走，也就是处事必须循礼而行。从卦象看来，《履》卦的上卦是乾，是刚健之君，而下卦是泽，是恩泽的意思。"天泽履"，天在上而泽在下，各安其位，形成合理的秩序。本卦之意可作两方面理解：既表现了大人物以刚健之德惠泽天下的宽阔胸襟，又表现了人们以柔顺方式对待刚健者，这是依礼行事。因此《象传》说，君子由此领悟，要分辨上下秩序，安定百姓的心意。读完《履》卦，我们明显感受到《易经》在昭示：敢于冒险而又不自鸣得意的人，是能够顺利地干一番事业的。干什么事情，没有胆量不行，但只有胆量也不行，还需要谨慎行事，知道危险所在，不忘乎所以。

64

《履》卦卦象

　　《井》卦卦象为上坎下巽，巽代表风，也是木。水装在木头做成的桶里，人把水从井里打上来，以供生活食用。井在古代社会是一项重要的资产。《井》卦是很有意思的一卦，名称来源于民众天天取水用的井，描述了古人的生活模式，全部六爻非常生动，很像一个完整而真实的故事。一开始说，旧的井底下都是沉积多年的淤泥，连飞禽走兽都不过来喝水，因此必须把淤泥清除掉，把井壁砌好，把井口加以收拢。人不能离开水，在古时候，你到任何地方都要先找水井，没有水井，就无法生活。从位居第一的初六爻，往上到九二爻、九三爻，直到第四位的六四爻，水井的修复工作大致已经完成了，但是还不够好。再往上到九五爻，阳居正位，井中的水十分清纯甘冽，宜人可口。但当你占到《井》卦，就要知道整个过程，不到最后的结果，不能说最好。最后一爻即上六爻相当精彩，当一个井修缮完好后，终于呈现"元吉"之象。"井收勿幕"，修好的井上面不要加盖子，以方便大家来分享，这才是最高的境界。就算是你一个人挖掘的水井，自己也用不完，你不管怎么打水，水井的水始终维持一定的高度，它没有得也没有失，就尽管使用吧。多人共用同一口水井，大家要讲秩序，守规矩，从井里面取水饮用，水上来后一定要离开井口，瓶子都完好，那才算是达到一种好的结果。

《井》卦卦象

　　《井》卦的大旨，则是把实物的井人格化了，通过展示水井"养人"的种种美德，譬喻君子应当修美自身、惠物无穷。一方面赞扬水井定居不移、不盈不竭、反复使用的特性，描绘出守恒不渝、大公无私的君子形象；另一方面告诫汲水者，当水将出井口时，若倾覆水瓶将有凶险，这就生动地暗示修德惠人要善始善终，不可功败垂成。纵观全卦的寓意，无非强调君子"修身"与"养人"两端，寄托了《周易》作者对政治清明的殷殷期望之情，也表达了君子思贤若渴之心。

中国古时候，就有"井田制"。君主把当时国家九百亩土地，划为九块，每块一百亩，每家都有一百亩私田，维持各家的生活；八家共同耕种中间的一百亩公田，其收成归国家所有。这种土地的划分和使用方式，其形状犹如汉语的"井"字。这是一种农业、行政与军事组织形式合一的重要制度。后来就有了"井然有序""井井有条"等与"井"字有关的成语。在古代社会，"改邑不改井"，农家和村庄可以整个搬迁，但井不能搬走。新来的农户一般都迁就老井，经过整埋、修缮，继续使用。有很多传说，反映了古时候农民的生活模式。根据孟子的说法，耕种私田的这八家农户，"出入相友，守望相助，疾病相扶持"。出门、回家时，邻居结伴做朋友，因为大家都在同一个井的范围内，构成一个小的社区，即生活圈，很容易相互关照、相互帮助。如果哪一位遇上疾病，其他人很自然来扶助、支持和爱护，大家共担风雨，共渡难关。这确实叫人感动。

《渐》卦，是由上巽下艮即上风下山组成，卦辞是说,《渐》卦如同女子出嫁一样,如能按照出嫁程序那样一步一步走,从订婚到结婚依次经过纳采、问名、纳吉、纳征、请期、亲迎六个步骤,那就很吉祥,也宜于贞正。这一卦采用民歌常用的起兴手法,描绘了女子出嫁和鸿鸟翔飞的喻象,由此阐明了事物发展过程中循序渐进的哲理,既洋溢着一种幸福的情调,又颇富有诗意。全卦六爻以鸿鸟飞行设喻,形象极为生动:沿初爻至上爻,鸿鸟飞翔历经水涯、磐石、小山陆、山木、山陵、大山陆,由低矮逐渐升高,由近处逐渐到远处,井然有序。

《渐》卦卦象

羽毛或者翅膀是鸿鸟借以飞翔的东西,鸿雁

鸿雁飞翔（牛晶晶绘制）

成行有序也是靠羽毛或者翅膀加以调节。人做事业努力进取也要有动力，有时会遇到阻力，也要不断调整。因而人们从事任何事业，都要循序渐进，一步一个脚印，一个台阶一个台阶地上升，才能最终到达目的地。在这个过程中，需要坚强的毅力、顽强的精神、明智的头脑，需要付出大量心血和代价。如果忽视某些步骤，或者主观上把某些程序加以合并压缩，那就可能达不到目的，甚至前功尽弃。《孟子》中讲的宋国人"揠苗助长"的典故，就充分说明违反事物的发展规律，急于求成，反而坏事。按照规律办事，循序渐进，取得了成功，这是值得庆贺的。这时候，就不要忘记那些在前进道路上有功劳的人和有助于自己的人，要给他们荣誉并公开表彰，为众人树立楷模。同时，还要及时总结经验，将循序渐进作为今后工作的方式、方法。

70

二、处于发展上升期的智慧

这里我们以第三十五《晋》卦和第四十六《升》卦为主，谈谈晋升时期谋求发展的道理。

《晋》卦，上离下坤，离为日为光明，坤为地为柔顺。象征着太阳跃出大地而冉冉升起，高悬天空，普照大地，万物顺承上进，蒸蒸日上。卦辞以康侯受赐为喻，说明上晋之臣为君王所赏识，六爻爻辞分别讲述了上晋的几种情况。

《晋》卦也是尚柔的。细读《周易》就可以发觉这样的规律：凡壮盛或呈上升之势时，都力

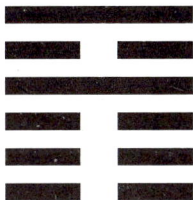

《晋》卦卦象

戒用刚。上升之时刚健有余，冷静不足，故须以柔相济。本卦爻辞也鲜明地体现出这一思想，初、二、三、五这四个柔爻均为吉或无悔，而四、上两刚爻则是厉、吝有加，这就是《晋》卦虽象征着升进，但却崇尚柔顺的缘故。由此看来，纵使在升进之时，也要以"柔""顺"为要旨。所谓"柔能克刚"正是这个道理。比如，刚健而优秀的篮球运动员，用强悍的动作与对手对抗，完成抢篮板、封盖、运球、传球等一系列动作，但其上篮出手投球的环节，往往手腕是柔和的，如果手腕僵硬则球往往难以入筐。

对人事而言，由于内卦坤为众为民为处于低级地位的人即下级，且又位于下卦，故象征一开始时某人是位于社会下层阶级的人或普通民众；外卦离为两阳抬一阴，阴被抬举而上，而外卦乃高位尊位，故《晋》卦由下而上的变化，就象征了坤阴之下级被乾阳抬举（此处外卦《离》卦是作为内坤变动的方式理解），最终升至更高一级的尊贵的位置（此时《离》卦作为坤动的结局）这一过程。对于人类社会的事情来说，就象征一位普通民众或下级官员被上级提拔、被他人抬举而得到晋升，这就是"晋"字具有受到提拔而得以上进、升级等含义的由来。

《晋》卦说的是升进之道，《周易》作者强调要抓住时机求发展，尽快使自己晋升。怎样晋升呢？"德"是很重要的，这个德就是以柔顺之道趋附光明。"明"是升进的基础，如果不效法太阳之升起，就没有《晋》卦；"明"也是升进的目的，只有顺从、附丽于明君，即《象传》所说的"顺而丽乎大明"，才能有康侯之升进；而从个人修养来说，"明"就是美好的品德，升进的过程也是自我修养的过程。因此《象传》说"君子以自昭明德"，正是强调充实、丰富优美的品德。太阳从地平线上冉冉升起，越升越光明盛大，这是升进的正道。君子观此象，意识到要以修身为本，逐渐积累自身的优美品德，并在自己的进步过程中展示出来，就好像太阳升入天空向大地昭示自己的光明一样。

《升》卦，上坤下巽。坤为地，为顺；巽为木，为逊。大地生长树木，逐步成长，日渐高大成材。比喻事业步步高升，前程远大，故名"升"。该卦象征通达、顺利，秉持守中用中的美德，不断修正自己，由小处着手逐渐累积成高大，必然能够得到赏识或外援，不需要担忧，这样的人一定有机会升迁，结果是吉祥的，前往有利，非常亨通。

《升》卦卦象

升进的基础在于扎实做好自己的工作，建立群众威信，得到人民拥护，就可以施展抱负，向前升进。欲求升进，应当虚心学习前人的经验，把别人的教训作为镜鉴，才会顺利；而且应当诚心诚意，结交一些有权威有实力的人物，才能获得支持与帮助，对自己的发展才有好处。升进是积极的作为，应当勇往向前，不必疑虑，但方向必须正当，任用贤能，依循众人所期待的方向前进，必然不会有阻力。更应当有目标，懂得节制自己。

在求发展的过程中，不要只顾眼前的实惠。为了长远的目标，即使暂时无利可图的事情也要去做。在《三国演义》中，诸葛亮对南部的蛮族用兵，七擒七纵蛮族首领孟获，最后使他心服口服，彻底归心不再背叛。这是一个著名的故事，是刘备死后诸葛亮身负托孤重任鞠躬尽瘁、事必躬亲的一个重要例证。一方面反映了诸葛亮杰出的军事智慧，征服孟获的过程十分曲折也非常精彩，运用了很多谋略计策。另一方面反映了诸葛亮远大的政治眼光和高超的才智。"七擒孟获"从表面看似乎无利可图，实际上实现了安定后防的长远目标。因为少数民族地处偏远，生活在大山洞泽之中，出则为兵，入则为民，在不熟悉当地情况的条件下，单纯靠武力根本无法镇服。所以诸葛亮采用"攻心为上攻城为下"的以安抚为主、恩威并施的谋略。事实表明，这是一个非常正确的做法，使得南方少数民族保持了很长时间的稳定和臣服。而且，即使用现代眼光去看这一政策，也是符合民族团结原则的。

我们不应忘记，《周易》的作者耿耿于怀的是挽救周王室的危亡，所以一有机会就要表达奋发图强发展自己的这一意图。《升》卦的主旨是发展进步，用在面临危局的周朝之上，正切中了问题的关键。要想上升得更高，发展得更加强大和恒久，就要永远坚守正道，抱有坚定的信念，具有高尚的操守和追求。

其实，岂止是周代需要不断地发展壮大。无论哪个时代、哪个社会，没有发展和进步，都只有死路一条。"流水不腐，户枢不蠹"，这是千古不渝的真理。发展和进步，不应当是单一直线式的，而应是开放式的，放射式的，全方位的，需要有博大的胸襟和高瞻远瞩的见识。只要是于我有利的，就广采博纳，而不要分什么古今中外。学习别人的长处是一种优秀品德。只有去发现别人的长处，才能找出自己的不足，使自己有更大的进步。

三、财力富足时

经过积极行动，晋升发展，人们的财力渐趋富足。《益》《丰》两卦展现了富足之时的状态。

"益"字在汉语中的基本含义，是富裕、富足、增加、利益、好处。《益》卦上巽下震，巽为风，震为雷。风雷激荡，其势愈强，雷愈响，风雷相助互长，交相助益。《象传》说，《益》卦把

《益》卦卦象

精神上存在的能动力量转换成为物质世界的真实所有，老百姓就会无限欢喜。将形而上的法则、规律之"往"，规定为器物必然遵守的道，百姓才能领会并体验到它的功用。"能够解决关键问题"，说明大道的整体逻辑确实值得人们祝福庆贺。正如在巨大江河中乘舟而行，一帆风顺，有利于大道机制的连续发展。能动而又逊顺，就会领悟到形而上之道的世界是永无止境的。天地相合，化生万物，其中的道理千条万条，数也数不清。但是，时空一体，相偕共进，则是大道真、善、美的直观体现。

"丰"字的基本含义，是茂盛、丰收、富足、丰富。《丰》卦上震下离，电闪雷鸣，成就巨大。《丰》卦象征盛大丰满和亨通，君王能够使天下达到盛大丰满，此时不用忧愁，好比太阳位居中天，光芒万丈。比如古镜，昏暗好几年，一朝磨明似月圆，君子谋事逢此卦，可知近来运转欣喜自然。《象传》说，"丰"的意思是丰盈硕大，譬如道德光明而后施于行动，就能获得丰盈硕大的成果。君王崇尚宏大的美德，宜于让盛德之光普照天下。太阳正居中天必将西斜，月亮圆满盈盛必将亏蚀，天地自然有盈满亏蚀，伴随着一定规律更替与消亡生息，又何况人生与鬼神呢？

《丰》卦卦象

《益》《丰》两卦都表明，财富增加、财力丰厚之时，人们做事就会通达顺利。要凝聚力量干大事，自己得到很多荣誉，就会显得与众不同，贵人甚至君王也会看重你并企图借助你的财力。这时自己就处于发展的有利时机，你就要广交朋友，凝聚各方面力量，使自己大有作为。有了一定物质基础后，人们就要对自己提出更高的目标，或者争取到更加富庶和有利于发展的地方，可以进一步切实加强自己的实力。正如唐代大诗人李白的名句"长风破浪会有时，直挂云帆济沧海"，它展示了诗人力图从苦闷中挣脱出来的强大精神力量，展示了一种自信乐观、积极追求、坚持理想的品格，表现了李白对人生前途的乐观豪迈气概，充满了浪漫主义的情调。唐太宗李世民从波澜壮阔的农民战争中认识到人民力量的威力，效法先贤，损上益下，爱惜民力，减轻赋役负担；同时，他富有开拓奋进、图强致远的意识，善于纳言用人。在他的领导和带领下，大量荒地被开垦出来，社会经济出现了繁荣景象，人民有了安定的生产和生活环境。那时候，政治比较清明，经济发展较快，国力逐步加强，开启了中国历史上著名的"贞观之治"。

财力丰厚之时人应该如何做，也是个值得思考和认真对待的问题。有的人在创业阶段因为有目标和动力，所以努力奋斗，精神昂扬，生活充实；有的人在财力丰厚之时因为功成名就，所以不思进取，浑浑噩噩。读《益》卦的六二和六三爻辞，我们就可以发现，作者提醒人们：财富很多，应该祭祀天帝。有了天帝的佑护，才会吉祥如意，财力富足，可以用来救济天灾人祸。做赈灾的善事是没有错误而不会招灾祸的，要讲诚信做实事，不要空许愿。

《丰》卦的上六爻辞与《益》卦的上九爻辞，则告诫人们：凭借某种势力或力量，只顾自己发财并在自己的小小领地内搞"独立王国"的人，最终会走向破产。这种人，自私自利，不与他人往来，不做公益事情，结果往往是别人也不愿意与他往来，最终他也难以成就大事，不会兴旺发达。益人者自受益，损人者自受损。古今中外人世间大量事例表明这样的哲理。赠人兰花手留余香，搬起石头砸向别人最后却砸坏自己的脚。有远见卓识的企业家，把自己相当一部分利润用来办教育，搞科技开发，支持公益事业，赈灾济贫，表面上看是企业减少利润而受损，实际上却使企业赢得更广泛的社会支持而生机勃勃。正如日本企业家福盛和夫在其《回归哲学》一书所说：

> 诚然，在短时期内，也许看起来坏人好似成功了，老实人好似吃了亏……但是，用二十年、三十年的时间跨度看人的一生，坏家伙还是不得意的，诚实的人最后还是过着幸福的生活，你、我不都是这样吗!?

读《谦》《损》《益》《丰》等卦，我们认识到：满招损，谦受益；损益盈虚，与时偕行。早在战国时期，先贤将农民灌溉农田的工具改造提升为一种礼器——欹器，当盛满水和完全空时都会倾倒，只有里面的水占一半之时，欹器才会呈

82

虚则欹 中则正 满则覆

欹器（清代）

现直立状态。这给人们以启发。

满即盈，是谦的对立面，即自满、自高、自大。一般指当人取得一定成绩后对自己估计过高而骄傲、满足、不思进取的心理状态。由于对自己估计过高而对其他人或事物看得过于卑下、简单，以昏昏然飘飘然心态为人处世，难免草率、莽撞，因此往往导致损失、损害。相反，如果像真正的君子始终如一地坚守谦逊之道，保持一颗平常心，为人做事时时处处谦虚谨慎，节制自己，

满招损谦受益（伏倩倩绘制）

那么，他必定有所增益获利，受益无穷。也就是如古人所说：成由谦逊败由奢；谦受益，满招损。在一定时间条件下，减损和增益有其客观必然性与合理性，适时适度而损益具有普遍的意义。如果适时适度，损其所当损而益其所当益，则损与益无所不当；反之，不合时宜或过度变易阴阳，损其不当损而益其不当益，则损益皆失误，小将危及个人身家性命，大将危及国家民族的安危。

损益之道，不可不察。综观天下增益之道，都是配合时机自然进行的，即与时偕行。在自然界，春不至不生，夏不至不长；在人类社会，损下益上、损上益下也应讲究岁之歉否，丰年租重，无灾不赈。孔子读《易》至《损》《益》两卦时，曾发出这样的慨叹：

> 益、损者，其王者之事与！或欲以利之，适足以害之；或欲害之，乃反以利之。利害之反，祸福之门户，不可不察也。(《淮南子·人间训》)

孔子重视《损》《益》卦，深刻领会二者相互依赖和转化之理，并把对损益之道的认识提高到"王者之事"——治国理政的根本大事的高度，独具慧眼，启迪后昆。

四、有了大成就的时候

《益》《丰》两卦讲的主要是财力富足，而《大有》《大壮》《既济》三卦则是指政治、经济、军事等各方面发展壮大而成的大事业、丰功伟绩，代表了权大势盛、功成名就的鼎盛状态。

《大有》卦，上离下乾，火在天上，在天候上象征晴天丽日，普照万物；在人事上象征蒸蒸日上，大有所成。大有，就是非常富有，是力量、物资、气运充沛的意象。处于君位（第五位）的是本卦主爻，是《大有》卦唯一一个阴爻，群阳近而比之，远而应之。象征着君主善于处下而吸纳天下贤才，凝聚天下力量，为我所用，成就伟业。国家昌盛，百姓富庶，这是举国上下普遍的愿望。中国汉代的文景之治可以看作《大有》卦的实例写照：

《大有》卦卦象

86

西汉王朝建立后，汉高祖、惠帝、吕后都着力于恢复农业生产，稳定封建统治秩序，收到了显著的成效。文、景两帝相继即位后，又在这基础上进一步采取了轻徭薄赋、与民休息的政策和措施。汉文帝十分重视农业生产，他在位期间多次下诏劝课农桑，按户口比例设置"三老"、孝悌、力田若干员，经常给予他们赏赐，以鼓励农民发展生产。汉文帝对秦代以来的刑法也作了重大改革，狱事简省，人民所受的压迫比秦时有显著的减轻。文、景两代对周边少数民族也不轻易用兵，尽力维持相安无事的局面。由于国内政治安定，只要不遇水旱之灾，百姓总是人和家足，郡国的仓廪堆满了粮食。皇家仓库里的粮食由于陈陈相因，致腐烂而不可食，政府的库房有余财，京师的钱财有千百万，连串钱的绳子都腐朽断了。这是对文景之治成果十分形象的描述。文帝、景帝两代四十年左右的时间，政治稳定，经济得到显著发展，历来被视为封建社会的太平盛世，史称"文景之治"。

《大壮》卦，上震下乾。震为雷，乾为天。乾刚震动。天鸣雷，云雷滚，声势宏大，阳气盛壮，万物乘势生长。刚壮有力故曰壮，大而且壮，故名《大壮》。四阳壮盛，积极而有所作为。如天道

《大壮》卦卦象

正则万物正，君道正则臣民正，君子谙熟"正大"之道，则可知天地万物之情状。《大壮》卦提醒人们，要持守正义，防止自满，力戒骄逸。在大壮之时，君子要懂得柔和自守，保持大好形势，此为不用壮反而更壮，使不正归于正。这种人生智慧被三国时期的司马懿得以淋漓尽致地运用，获得了巨大成功：

　　司马懿是文武双全的奇才，但他的大半生都是在受压抑中度过的。曹操、曹丕父子都对他防范有加，不让他亲自带兵。然而，他深谙韬光养晦的智慧，对这种安排表现出完全服从，没有半句怨言，连被流放都显得十分乐观，这一切无疑使魏国上下放松了警惕。魏明帝即位后，司马懿调整战略，采取了正确有效的策略，从容地应对诸葛亮三十万北伐大军，率兵平定了辽东，在魏国大大提升自己的威望。明帝驾崩后，司马懿和曹爽共同辅佐幼主曹芳即魏少帝。曹爽对司马

司马懿（明代绘制）

懿存有疑心，将他视为心腹大患，于是以少帝的名义提升司马懿为太傅，实际上则是削夺了他的兵权。司马懿看透曹爽虽不乏心计，却懦弱无能。他对当时形势了若指掌，暗中谋划，表面上却装聋作哑，诈病不朝。曹爽为了弄清虚实，派心腹李胜到司马懿府上打探。司马懿装病躺在床上，手直哆嗦，在丫头服侍下喝粥，粥从嘴角流到前襟，别人跟他说话都反应不过来。李胜将情况一五一十地作了汇报，假象完全蒙骗了曹爽。等到曹爽放心地去拜谒高平陵时，司马懿果断出击，率领亲兵一举控制洛阳，威逼郭太后下了讨伐曹爽的"圣旨"，做到了"师出有名"。而此时此刻，兵符在曹爽手里，他本可借助兵符号召各路军马讨贼，却因为胆小怕事主动将兵符交出。从此，司马氏家族控制了魏国的大部分军队，为最终取曹而代之奠定了基础。

《既济》卦卦象

在汉语中，"既"指已经、既然之义；"济"指渡、救、有益、成之义。二字连起来组成词语"既济"，含义为事之既成也，就是说事情已经成功了。《既济》卦作为六十四卦之倒数第二卦，坎上离下，卦辞告诉人们，《既济》卦象征大事已成，连弱小者也获得亨通，利于守持正道，如果不能慎终如始，则起初吉祥终将危乱。简言之，《既济》卦要旨在于：大功已成，仍应慎终如始。综观全卦六爻，从卦象看，水能济人，亦能溺人；火能养人，亦能焚人。水火相接，或益于人或有危厉，隐伏于卦象之中。从卦辞意义看，既济已经达到，如何对待成功？是坐享其成、不思进取，还是谨慎终结、防患未然、不断攀登？引人深省。明朝末年农民起义军领袖李自成，攻占北京后称帝，他以为自己完全大功告成了，结果只做了十八天皇帝就自缢身亡，一代闯王生命画上了句号。原因很多，但重要的一条是他骄傲自满、不能慎终如始。

《左传》云："富而不骄者鲜。"骄，骄傲；鲜，稀少。从历史上看，人因地位、才能、机会、工作而获得事业、人生的成功，居成而不骄者鲜，骄而不败者更鲜。

骄易疏忽，疏忽必败。战国时期著名的马陵之战，庞涓败于孙膑的减灶骄兵计策；骄易纵己，纵己必危。天津大邱庄实业集团总裁禹作敏，从红极一时的显赫人物，因骄横跋扈肆意妄为而沦为阶下囚。骄易自满，自满必衰。自以为是，自满饰非，是骄傲者的通病，骄易生躁，焦躁不安，昏昏然，飘飘然，必有后患。

概而言之，为人成事应做到"四不骄"。

（一）成不骄。事物变化是循环往复，不断向前，无穷无尽的。成功往往是暂时的、相对的，"既济"之后是"未济"。社会领域中少有一劳永逸的绝对成功，所以每个人都不应该满足于一时一事的成功，而要在成功之后保持谦虚，持之以恒地努力。《易传》说：

> 日中则昃，月盈则食；天地盈虚，与时消息。

昃，太阳偏西。太阳正居中天必将西斜，月亮圆满盈盛必将亏蚀；天地大自然有盈满有亏虚，都在一定时候更替着消亡与生息。人类社会变化与自然之道有一致性，这都说明居成不骄的道理，给人们以启示。

（二）居功不骄。功劳、业绩是一个人品德和修养的试金石，也是一把主宰祸福的双刃剑。如果有功必争，居功自傲，功劳会成为一个人事业和人生发展的包袱和障碍，并可能为之所累、所毁。如果居功不骄，那么功劳越大就越显得一个人的道德和修养水平高，功劳、业绩也就会成为一个人进一步发展的阶梯和推动力。历代圣贤一再告诫人们，要正确对待功劳，我们应从这些古训中得到启示。

（三）居才不骄。人才是社会发展的希望所在，也是欲成大业者必用之人。一人有才，非常难得，但有才之人必须自爱，然后别人才能爱之。否则，有才无德，恃才傲物，往往不为国家和社会所重用，甚至落个可悲的下场。

（四）居尊不骄。有的人地位卑微时非常谦

94

子貢曰：「貧而無諂，富而無驕，何如？」
子曰：「可也。未若貧而樂，富而好禮者也。」
子貢曰：「詩云：『如切如磋，如琢如磨。』其斯之謂與？」
子曰：「賜也，始可與言詩已矣。告諸往而知來者。」

孔子与子贡（明代绘制）

虚，但随着地位升高，逐渐变得骄傲起来。居上、居尊而骄，就会失去帮助自己的人，进而失去自己的地位。越是身居高位越要保持谦虚的美德，严格要求自己，真正做到《文言传》所言："居上位而不骄，在下位而不忧。"

总之，取得一定成功后，人们要提出新的目标，不断努力，不懈追求，向新的高峰攀登，既能克服骄傲自满情绪，又能给人生增添新的辉煌篇章。

五、安乐之时的警戒

功成名就的时候，《周易》给人们提出安乐时候的警戒，主张乐不忘忧，自食其力。这样的道理在《豫》卦和《颐》卦中得到了说明。

"豫"，一是指欢喜、快乐、安适，二是同预先、预备之"预"。作为六十四卦之一，《豫》卦排在《大有》卦、《谦》卦之后，意思是生活在喜获丰收的"大有"之世，又能谦虚地待人接物，这样就必然从物质到精神，都获得了欢乐。从卦象上看，上震为雷，下坤为地，雷闭地中，滚动而出，声震天下，这是阴阳相感的结果。卦象象征欢乐，人们把握这种有利时机，以建立诸侯和率师出征。虽为豫乐之世，但综观全卦六爻之象，除六二、九四获吉外，其余四爻均非吉兆。因此《豫》卦卦旨所示，主要是乐不忘忧的精神，后来孟子发展为"生于忧患，死于安乐"的思想，也包含"凡事预则立，不预则废"、防患于未然的意思。

《豫》卦卦象

享乐、快乐、娱乐，是人类生活中不可或缺

的组成部分。历史唯物主义认为，人们奋斗所争取的一切，都与他们的物质利益有关。享乐、娱乐是人类物质生活、精神生活的必要内容，改善生活条件、追求幸福是人们工作、劳动、创造的目的和动力。从这个意义上说，《豫》卦所表征的欢愉之象符合人的本性，源于人们生活，享乐、娱乐未可厚非，反而应当加以肯定。《周易》充分肯定了对于人民、百姓而言，不应剥夺他们享乐人生的权利，也就是说享乐并非仅是达官贵族的专利。作者提倡"备豫"——有备无患，以防快乐幸福的流失；"和豫"——人心和悦，与民同乐；反对"逸豫"——不顾人民死活的骄奢淫逸。夏代最后一个君王——桀就是因为"逸豫"而亡国的。据史书《竹书纪年》记载：

夏桀命人"筑倾宫，饰瑶台，作琼室，立玉门"，宠爱一名叫"妹喜"的女人。为了与妹喜享乐，夏桀下令开凿一座大池，内部装满酒。这就是中国历史上最早的"酒

桀把人当做坐骑

"桀驾人车"（汉画像）

池"。酒池造得很大，池内可以航船。夏桀不但极其奢侈，还非常残暴，经常杀戮向他进谏的大臣和无辜民众，甚至让活人和野兽搏斗来供他取乐。在这种暴政下，民众怨声载道，诸侯纷纷背离。东方商部落在首领汤的统治下已经逐步强大，后来夏桀终于被商汤灭亡，建立起新的商王朝。

"颐"字基本含义是养，就是保养、养育。《颐》卦上卦为艮，艮为山，下卦为震，震为雷，雷出山中，正是春暖之际，天地养育万物之时。《颐》卦的形状，像是张开的口，上下牙齿相对，食物由口进入体内，供给营养，引申为人咀嚼食物时上颌静止、下颌活动的情态，因而象征颐养。此卦正喻示圣人依时养贤育民，贤人修德养身。《象辞》阐释说，依循正道颐养别人和自己则吉利。"观其所养"，就是观察所颐养的对象；"观其自养"，就是观察他怎样养活自己。天地养育万物，圣人颐养贤人，养育万民。颐养物我不失其时，这是多么伟大呀！

《颐》卦卦象

由于人类离不开自然，个人离不开社会，所以"天地养万物，圣人养贤以及万民"。天地为万物提供了丰富的生存资源，构成了一个全宇宙的颐养系统；圣人为每一个社会成员提供了满足生存需要的机会，构成了一个全社会的颐养系统。只有站在这种哲学的高度，才能深刻理解颐养所蕴含的伟大意义。

人们在工作之余，到户外开展丰富的健身运动，呼吸自然之气，改善人际关系，也是《颐》卦的生动践行。

人间正道是自己动手，丰衣足食；不劳动者不得食，不劳而获要遭天谴。我们的祖先申明此大义，在这一卦中反复说明这个道理。中国长期处于农业社会中，农耕文明的一个根本原则就是：一分耕耘一分收获，老天和大地奖勤罚懒，即天道酬勤。反之，巧取豪夺，不仅不是生存的长久之计，而且有悖于天理良心，应当口诛笔伐，甚至以暴力对付暴力。中国历史上爆发的数次农民起义，多次喊出了"均贫富，等贵贱"的口号，

太极健身（作者拍摄）

就是广大农民在忍无可忍的情况下用暴力反对少数地主贵族的巧取豪夺。

今天时代发展、社会进步了，自己动手、丰衣足食的基本道理却没有变，只是人们的认识更加深刻和复杂了。例如，保护知识产权、保护发明和使用的权利、保护有形资产和无形资产，都是对这一道理的现代法律保障，对不劳动者不得食这一道理的引申和深化。这也是一种社会正义，它以自然公理为基础，以现代法律为捍卫的手段，以社会舆论力量为媒介和辅助。就是说，现代社会以法律形式保证社会正义的实施，任何越轨的行为都要受到惩罚。这显然比古代社会有巨大进步。但是，无论怎样进步和发达，这个道理具有永恒的价值和普世性，永远不会过时，更不会被抛弃。

第四章　与人共事的智慧

　　《周易》蕴含的智慧十分丰富，既通过对天地自然规律的阐释，启发人们怎样修养德行，如何从事治国理政的大业，最终成就圣贤和君王的盛德大业；又把人放在亲属朋友和同事的微观环境中，引导人们趋吉避凶，学会安身处世、待人接物，使日常生活更美好，做一个真正受尊敬的人。前者在上面几章中已经得到较多的展现，下面则侧重于对后者的解说。

一、交友的信条

从本质上讲，人是一种社会动物，人的现代社会生活，有很大一部分时间是在社会交往中度过的。与人相处、交往朋友是人生的一个重要组成部分。应该说，交友既是一种实际的需要，也是获取人生满足感的一个重要源泉。那么交友应注意什么、遵循怎样的信条呢？

首先，诚实是为人处世之本，与人交往要讲诚信。从字义上看，"诚"就是真诚不伪、诚信不欺、真实不妄、精诚不懈；"信"就是诚实无欺、说话算数、严守信用、兑现诺言。诚为一切道德原则和一切道德行为的根本，信则是诚的外在表现，是人与人之间关系的精神纽带、人际交往的基本前提和准则。一般意义上说，诚信就是诚实不欺、恪守信用。广义来说，诚信的道德要求就是心想、口言、身行的一致，即言为心声，言行相符，实事求是。

《易经》多处言"孚"，字形如鸟抱子之象。今天的"乳"字一边从孚，大概所抱为实物。鸟抱子与婴儿抱母乳，都是，因此人应有信。六十四卦中专有一卦叫做《中孚》，力倡诚信之德。《中孚》卦九二爻辞：

> 鸣鹤在阴，其子和之；我有好爵，吾与
> 尔靡之。

读起来像是一首短诗，朗朗上口，不仅句式整齐，偶句押韵，而且形象生动鲜明。大意是说，鹤鸟鸣叫在背阴，它的同类以声相应和。我有美酒佳酿，我愿意与你共同分享，以求同乐。九五爻辞：

> 有孚挛如，无咎。

挛，就是用手牵连的样子，引申为维系，推而广

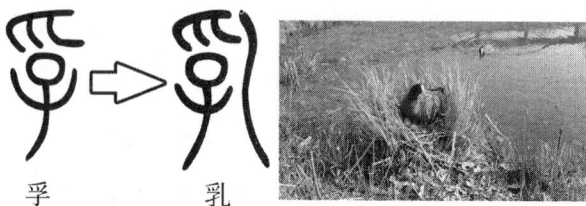

孚 → 乳

鸟抱子（牛晶晶拍照并绘制）

之则为心心相印。九五用诚信之德维系天下人之心，一定无所咎害。

中国传统文化一直把诚信作为基本伦理道德。从很早时期的《周易》《诗经》到孔子、孟子，再到宋代朱熹等，都给后人留下不胜枚举的名言警句，从多方面谈论诚信的美德。从先秦到明清两千多年的社会发展历史中，涌现出了无数诚实守信的模范人物，都对这一为人处世基本信条作出了生动的诠释。无独有偶，西方古代也有讲诚信的先哲和楷模：

公元前399年6月的一个傍晚，雅典监狱中一位年届七旬的老年囚徒，衣衫褴褛，散发赤足，而面容却镇定自若。他因为"言论罪"入狱，本来有机会越狱逃走，但却没有这样做。打发走妻子、家属后，他与几个朋友侃侃而谈，似乎忘却了就要来临的处决。直到狱卒端了一杯毒汁进来，他才收住"话匣子"，接过杯子，一饮而尽。之后，他躺下身子，微笑着对前来告别的朋友说，他曾吃过邻居的一只鸡，还没付钱，请替他偿还。说完，老人安详地闭上双眼，永远睡去了。这位老人就是大哲学家苏格拉底。

其次，以诚信为基础的人际关系应当是和谐相处，共同发展，不断提高。《易传》中有很多地方谈论诚信，说理很深刻，表明诚信是君子进德修业的重要内容，贯通在天人合一之中。例如《文言传》：

> 君子进德修业。忠信所以进德也；修辞立其诚，所以居业也。

《系辞传》：

> 天之所助者，顺也；人之所助者，信也。
> 履信，思乎顺，又以尚贤也，是以自天祐之，
> 吉无不利也。
>
> 默而成之，不言而信，存乎德行。

108

　　诚信作为一种为人处世基本信条，几乎触及社会和人生的各个角落，其作用是巨大的，甚至可以说是"感天地，动鬼神"，移风易俗，莫善于斯。汉代刘向《新序》卷四《杂事》曾举例说：

> 钟子期夜闻击磬声者而悲……钟子期曰："悲在心也，非在手也，非木非石也。"悲于心而木石应之，以至诚故也。
>
> 人君苟能至诚动于内，万民必心应而感移。尧舜之诚感动万国，动于天地，故荒外从风，凤麟翔舞，下及微物，咸得其所。《易》曰："中孚，豚鱼吉。"此之谓也。

诚信与失信（伏倩倩绘制）

这里从钟子期的音乐感应到尧舜之诚感人心，再到《中孚》卦辞感化小猪小鱼的喻示，提醒我们，只要把诚信之德提到造福人类、推进文明高度来认识，在搞市场经济、重金钱利益的今天，中华传统美德仍有其旺盛不竭的生命力。

建立在诚信基础上的人们之间的团结和凝聚力，是任何社会都需要的，对社会发展的推动作用不应被忽视。《易经》中《比》卦和《萃》卦的内蕴主要显示了君主与臣民之间的亲附、聚合关系，推而广之，每个社会集团乃至整个人类都应重视这种团结和凝聚力。

人的社会性决定了人们应当相互团结合作，建立和谐协调的人际关系。朋友有多种类型，我们交朋友最好能使自己在品德、学识或其他技能方面有所提升，高雅而有趣的朋友尤其值得交往。交一个好朋友也是读一本好书，最好这本书在不停地改版，使自己能不断地学到新东西。

选择一位好朋友也像拳击手选择一位好的陪练，应是高水平的。人际关系的诚信团结，最高境界就是达到"天下大同"，《礼记·礼运》对此作了具体描绘。这是儒家自古代至近代以来一直追求的理想。

六十四卦中还有一《同人》卦，用古老事例讲了与人和同的道理。近代仁人志士孙中山先生提倡三民主义，有"天下为公，世界大同"的誓言，正是要以革命手段来努力实现中华民族的理想。

再次，为人处世要有一定准则，也就是自己坚守的基本信条。《周易》提出了四项原则，让人

《同人》卦卦象

感到有智慧，接地气，十分中肯。

第一，为人要有不卑不亢的气节。《系辞传》提出君子与上层交往不谄媚巴结，与下层交往不亵渎慢待，即：

上交不谄，下交不渎。

第二，说话办事有条不紊。君子的言行要注意三点：

安其身而后动，易其心而后语，定其交而后求。

也就是说，人的自身处境安稳后才考虑有所行动，心平气和后才开口说话，与人有交情后再有所求。做到这几方面，才算全面而完善的人。否则，如果自身立足未稳就匆忙去行动，行动往往不正确；内心惊恐而说话，往往失去原则；与人没有交情而求其办事，往往事不易办成。

第三，说话要谨慎，多说好话。《系辞传》提出要多说好话，少说不利的话：

> 出其言善，则千里之外应之……出其言不善，则千里之外违之。

因此，君子"或默或语"，当不失其节，故应当谨慎言语，不能轻易下结论。因为言语是君子做人的关键环节，它主宰着荣辱：

> 乱之所生也，则以言语为阶。君不密则失臣，臣不密则失身，几事不密则害成。（《系辞传》）

这就指出了祸患根源于口的道理，即我们平时所说的"祸从口出"。

第四，事情没有办好，甚至导致祸患，应当多从自身找原因。祸患产生的客观原因往往难以避免，但主观上的原因则可以克服。《系辞传》说明主观原因主要是德、才、智不足。《解》卦六三爻辞：

负且乘，致寇至。

就是说，肩负东西是小人做的事，车乘是君子的交通工具，如果小人乘坐君子之车，就会导致盗寇来争夺。同时对上怠慢对下残暴，也会招来强盗袭击，收藏财富会招来盗贼，女人打扮妖冶会招致男人奸淫。

最后，人际交往是一门艺术，交友要讲究方式方法，坚持原则性与灵活性统一。古人云："近朱则赤，近墨则黑"，"蓬生麻中，不扶自直"，因此古人提倡"慎交友"。这就提出交朋友要有选择性。真正的朋友，应是道义之交。人们之间由于在主要的道德原则、兴趣爱好等方面的相互接近，容易产生一种共鸣感，从而形成一种相互欣赏、相互扶持的关系。《系辞传》说：

> 二人同心，其利断金。同心之言，其臭如兰。

同心同德的交往，使人们之间的友谊摆脱了功利低俗的束缚，可以形成一种持久纯洁的友谊。

所谓君子之交淡如水，朋友之间的交往应保持各自的相对独立性，保持一定的距离，人际交往要讲究一定艺术性和技巧，这是一个重要的原则。每个人在世界上都是独立的存在，世界上没有两片完全相同的树叶。因此我们对朋友的期望，不应该是所有的事情上都完全一致。对朋友，甚至密切的朋友，在一些问题上有自己独特的看法和与自己不同的兴趣爱好，应当宽容和包容。过于亲密，对朋友的私事干涉太多，极容易将好事变成坏事，造成两个人之间的矛盾，甚至友谊可能会变成仇恨。

人际关系应有一定的层次性，人际交往有一定"弹性"和灵活性。不应用一种方式去对待所有的朋友：比如曾经共患难的贫贱之交、共生死的战友情谊、纯洁无瑕的老同学之间的友谊，由于一种美好感情的留存，可以相互宽容很多，这种类型双方之间的亲密度会更大一些；而商场上的朋友、同事等，相对来说则要采取保持一定距离的方式。同事之间的友谊，是一种很复杂的情况。由于在工作中相互合作，有的同事之间自然地会延伸成生活上的朋友，成为一种友谊。同事之间不仅有合作，也常常会有利益方面的冲突。因为一个单位、组织，其用来奖酬的资源毕竟是有限的，同事之间往往会有利益分配问题，客观上是存在竞争关系的，搞不好的话，好的同事关系会变成一种极端的矛盾对立。当然反过来说，利益是检验友谊的试金石，通过了这种考验，也许能够分辨真正的友谊与一般的人际关系、功利关系。

二、领导的策略与艺术

116

人类集群的生活方式，决定了共同的迁徙、打猎、防卫等很多生活行为都需要协调和组织，需要人们公认的简单行为规则并建立一定的权力关系。在最初的原始蒙昧时期，原始人群中就出现了比氏族首领和酋长这种正式的权力形式更早的权力关系和权力现象。

因此，原始人群中已经形成了群体"指挥—服从"关系，这种出于维持原始群体生存需要的最简单秩序和行为协调者，成为人类最早的领导行为。一部人类历史表明，人类社会生活越是进步和发展，这种群体"指挥—服从"关系就越是丰富和复杂。《易经》中的《师》《临》《观》《鼎》等卦和《易传》相关内容就从多方面表现了这种丰富的关系，反映了领导的策略与艺术。

战争是人类古代生活的一项重要内容，也是人的群体之间经常性的活动，军事斗争历来贯穿着鲜明的"指挥—服从"关系。古代杰出领导往往是身经百战脱颖而出的卓越军事将领。《师》卦以"兵众"为名义，阐发了用兵的规律。卦辞强调了两项原则：一是用兵的前提在"正"，提出仁义之师"能以众正"，可以"毒天下而民从之"。毒，原义是害人草，这里引申为攻伐。君王能使众多部属坚守正道，并凭借这方面的优势来攻伐天下，百姓就会纷纷服从。二是出师胜负的关键，在于选择将领得当与否，因此必须用贤明的将领才能获得吉利。战争关系着人民的生命与国家的存亡。用兵遣将应当慎重，军队必须是正义之师，统帅公正，老成持重，不可好战喜功。战争应得到人民的支持，才能战无不胜。这就是《师》卦的主要精神。

"临"字基本意思为从高处往低处看，今天人们还在使用成语"居高临下"，其特定意义可视为领导与统治的代名词。《临》上下卦合起来为"地泽临",象征"监临",侧重于揭示上领导下、尊领导卑、君主统治臣民的道理。一群人在一起工作或生活,事情很多,要把他们团结起来,组织协调好内部关系,不是一件简单容易的事情。一个领导者要对自己负责范围内的人和事全部进行监督、管理,即要全面掌握,就必须坚持原则,秉公办事。当某一部门发生了难以解决的困难或者重大问题,主要领导应当亲临现场、亲自指挥。一个领导,不能言而无信,如果一味对部下说甜言蜜语、空许愿,到头来不仅丧失威信,而且还会招来怨恨。一个称职的、优秀的领导,他的智慧之一,就是善于了解情况,然后再去明智地处理问题。领导与管理的工作方法之一,就是在布置任务、下达命令以后,还要经常下去督促和检查,这样才能保证事情顺利,结果吉利而无失误。

刘邦最终打败项羽,值得认真总结。因为刘邦论出身、论品德、论勇敢、论用兵、论武功、论军队数量,样样不如项羽。项羽是贵族出身,

《临》卦卦象

汉高祖刘邦（清代绘制）

名将之后，刘邦平民出身，典型的无名小卒；项羽是人人仰慕的英雄，刘邦则是贪酒好色的混混；项羽有万人难敌的武功，刘邦却是人人可擒的凡夫；项羽是破釜沉舟的勇士，刘邦却是经常临阵脱逃的懦夫。在灭秦和楚汉战争中，项羽几乎是战必胜，攻必克。刘邦的本事只有一个，那就是问张良、问韩信、问陈平等：我该怎么办啊？一个来自下层的连父母都不看好的小混混，却最终战胜了来自上层的大家都仰慕的世间英豪，再次证明了《周易》所蕴含思想：一个好的领导未必是各方面都出类拔萃的杰出人才，但一定懂得运用刘邦与韩信所讨论的"将将之道"，就是善于运用管理策略和艺术，正如《师》《临》《观》等卦所讲的。

如果说《临》卦提倡要善于站在高处把握大局，具有容民保民、知人善任的管理和统治策略，那么与之相邻的《观》卦则提倡善于观察事物和他人，也注意经常自我反省。

《观》卦，上巽下坤，风地观。其大义，正是阐发观仰美盛的事物，可以感化人心的道理。《观》卦取观仰祭祀为喻象，说明观毕初始之盛礼，即使不观其后的细节，心中崇敬信仰之情已油然萌生。据《左传》记载，春秋时期吴国的季札在鲁国观乐，欣赏到《韶》舞蹈，深受感染，认为这是周朝"盛德"的高度体现，于是极力赞叹说：

观止矣！若有他乐，吾不敢请已！

《观》卦卦象

"观"，最重要的就是要用心、用敬仰之心去观察，不能带有私心，要以客观的、中正的心来观察天下。用不同的心态去观察，得到的结果也不同。此外，居于不同的位置、具备不同的才能，就要用不同的观察方式，要避免"童观"（像幼童一样观察）、"窥观"（暗中偷偷观察）。还有，每一个人尤其是领导者，要经常观自己的内心，观自己的生活方式，观自己的行为得失，这一点非常重要。不要总是观别人的不足，要多观自己的不足，然后才能改正。《周易》的《观》卦启示我们：既要善于观察周围的人和事，这是"知人者智"，又要透彻地认识自己，经常自我反省，这是"自知者明"。

122

现实生活中，多数人都是平凡的人，每天做着平凡的工作和琐碎的事务。看到身边那些成功的人，我们在羡慕别人的同时，经常抱怨自己没有运气，抱怨上天对己不公，抱怨世道人心不古。而我们却很少自我反省，反省自身还有哪些不足，思想还有哪些局限，行为还有哪些不正确。很少有人做到曾子提倡的每日"三省吾身"。如果我们只是一味地抱怨他人或环境，就不可能认真做好当前的事，也就难以取得成功。

"鼎"字作为烹饪的器具，有"养人"的功用；作为"法器"，又是"权力"的象征。作为六十四卦之一，《鼎》卦立意于烹饪食物化生为熟，譬喻事物调剂成新之理，侧重体现行使权力、"经济天下""自新新人"的意义。通观整卦，六

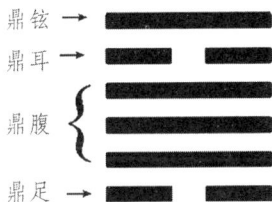

鼎铉 →
鼎耳 →
鼎腹 {
鼎足 →

《鼎》卦卦象

爻正反面喻象集中揭示的核心意蕴在于：鼎器功用之所以能成，事物新制之所以立，必须依赖多方面内心的纯正、坚实力量的共同支持。正如《象传》所盛赞的君子应当效法鼎器端正居位、严守使命。

谈到鼎的起源，还是让我们回到中国古代。鼎是用金属制造的非常高大、贵重、美好的器物，是国家庆祝战争胜利，祭祀天地、先祖、功臣所用的礼器。这是国家的象征，只有帝王举行盛大典礼时才可以使用。1933年在河南出土的后母戊大方鼎，现藏于中国历史博物馆，鼎内有"后母戊"三个字，是商代青铜器的代表作，被称为世界青铜器之最，它重达875公斤，高133厘米，

后母戊大方鼎

一次性铸成，工艺水平达到当时世界的顶峰。因为鼎成了古代国家政权的象征，所以新政权建立之后，都必须将原来政权所拥有的鼎据为己有，或者重新铸造新鼎，以示政权的合法性。因此，历史上曾发生过楚庄王问鼎的故事。通过战争，楚庄王取得了春秋时期的霸主地位，之后他曾北伐中原，问周朝的九个大鼎有多重。周王使者回答：鼎在德不在重，没有德行，鼎重也轻；有德行，鼎轻也重。这个故事记载于《史记》中，说明了鼎在古人心目中的地位和作为国家象征的意义。

后来，人们就将"问鼎"一词的含义指代为夺取国家最高权力的愿望和行为。六十四卦中位居《鼎》卦之前的是《革》卦，可以说，政治家研究《革》卦是为了治历明时、夺取政权，研究《鼎》卦是为了巩固政权、保卫和平，利用政权推进社会变革，使之繁荣昌盛。普通老百姓学习和关注《革》卦与《鼎》卦，不仅是为了将生食变成熟食养生，从而吸收营养，让身体更新，而且包含有提高修养、提升劳动创造能力的意义。

三、怎样当好助手

在一个现实的社会中，芸芸众生在社会大舞台上扮演着各种角色：少数人因为机遇、能力、资历等原因成了领导者，行使决策和管理工作；一部分人充当领导人的助手，从事管理的辅助工作；大多数人则属于被管理群体的群众，承担着大量基础性工作。在个体人生历程中，有的人干了许多年普通工作，后来又成了某些领导的助手，再后来也当了领导。

就本义来说，"助手"是指"左手"。这是因为大多数人都是"右撇子"，用力主要靠右手。在右手之力不够用时，人会自觉或不自觉地把左手伸出去，帮助右手。后来在狭义基础上"助手"之义得到推广，就把辅助用力的人称为了"助手"，因为这个人起到的作用，相当于领导者的一只左手。正如具体的职业、岗位、角色有各种各样，现实社会里的助手也是林林总总、五花八门。但其协助与辅助的作用是一致的，社会角色定位于领导者与群众之间，或者叫做管理者与被管理者之间。也就是说，助手有相对性，对领导者而言，他是助手也是被领导者；对群众而言，他是管理者也是领导集体的成员。

《易经》里有一个《随》卦，专门谈随从之理，告诉我们应该怎样做随从。一个当助手的人，必须清醒地认识自己的角色，只有忠实地履行好自己的职责，得到了领导者的赞许和信任，才会得到重用。助手不好当，他如同被绳索捆绑一般地受着束缚，要依旧跟随，不离弃，才能被领导带领做大事。当助手应当从各方面提高做事的能力，不能只埋头干自己的那一份工作，还应当走出门去，广交朋友，开阔视野。

"随"什么？随时、随势、随人、随心、随天道。"从"什么？择善而从，从善如流。孔子说："三人行，必有我师焉，择其善者而从之，其不善者而改之。"宋代易学家程颐说《随》卦讲了三件事：第一，"唯群所从"，即君子被别人所随；第二，"己随于人"，即自己随从别人；第三，"临事择所从"，即面临大事时选择随从什么样的人。

理解《随》卦的精神实质，很重要的一点就是要把握在随从中应当坚守正道。《左传》中记载有这样一个故事：

鲁国鲁成公的母亲穆姜与一个大夫通奸，

合谋欲废除她儿子的王位，后来失败了，被打入冷宫。穆姜为自己占了一卦得"《艮》之《随》"，即《艮》卦变为《随》卦，除第二爻没变其他五爻都变了，她请卦师解卦。卦师说，《艮》是禁止，《随》是随从，所以他要穆姜赶紧随别人逃跑。但穆姜以为不能逃，她看了《随》卦的卦义说：我无元亨利贞之德，我必死于此，因此我不能逃。

后来的结局果然如此。可见卦德、卦义很重要，人们的随从行为也要讲正道，既不能为了自己的私利而放弃做人基本原则去随从，也不能随便盲目地、稀里糊涂地去随从。

《艮》之《随》

128

当助手的过程也是依附他人的过程,《离》卦讲的依附的道理也不能不知。《离》卦是六十四卦中的第三十卦,离下离上,同卦相叠。卦义是指天地万物要想存在,都必然有所依附,而只有当依附的对象正当的时候,才可能顺利亨通,意即具备柔顺的德行,凭风借力,化险为夷。历史上因为利用此卦化险为夷的人很多,汉代的陈平就是其中一个:

公元前195年,正患重病的汉高祖刘邦听说燕王卢绾叛变,就派樊哙以相国的身份率军去讨伐。之后不久,有人对高祖进谗,说樊哙跟吕后串通一气,想等以后有机会图谋不轨。刘邦一向对吕后干预朝政不满,一听这话,就决意临阵换将,让陈平带着大将周勃前往樊哙军中传诏,而周勃则藏在车里,等到了军营里,再宣布立斩樊哙,由周勃夺印替代。

陈平、周勃动身后,一路上左思右想,

拿不定主意：樊哙是高祖的老部下，劳苦功高，可不是能随意撼动的人呀；他又是吕后的妹夫，皇亲国戚，名高位显。况且，高祖这是在气头上做出的决定，万一他后悔了怎么办？

同时，高祖病得这么厉害，吕后又一向专权，这一去往返之间局势又会怎样变化呢？如杀樊哙，得罪吕后；如不杀，违反皇命。怎么办呢？

左右为难之际，陈平想起了《离》卦中的"附丽之道""凭风借力"，决定借吕后之力解决这个问题。于是到了樊哙的军营前，陈平先命人筑起一座传旨的高台，又派人持节去唤樊哙。待樊哙骑马赶来接诏时，侍卫将其拿下钉入囚车。然后，周勃赶到中军帐代替樊哙，陈平押解囚车返回长安。一行人走到半路遇到使者传诏，说高祖已经驾崩，让陈平屯戍荥阳。陈平当然没有直接去荥阳，而是按照原计划返回到京城，急入宫中，跪

（明）陈平《汉丞相曲逆侯平公像》

倒在高祖的灵前，放声大哭，边哭边诉说：
"您让我就地斩决樊哙，我不敢轻易处置大
臣，现在已经把樊哙押解回来了。"吕后在旁
边听得仔细，自然心生宽慰，不久便拜陈平
为郎中令。

汉初在外戚专权的复杂政治环境中，老资格
的文臣武将或者死于战乱，或者死于内部斗争，

活下来的越来越少，而活下来还能身居高位的就更少。陈平能够利用自己的智慧凭风借力，自保而且保住他人，真是太难得了。可见善于运用随从之道，是一个人综合素质的集中体现。但是，虽然是凭风借力，如果没有深厚的德行，也不可能顺利亨通。

132

一个好的助手，既要立足本职，摆正位置，又须胸怀全局，广交朋友；既要自觉地听从一把手的指挥，又不能没有主见，盲目地服从；既要坚持原则，敢于发表不同意见，又要求同存异，善于团结协作。

中国古代的著名宰相很多是封建社会辅佐皇帝统治的卓越助手。例如汉代，除了陈平，霍光跟随汉武帝近三十年，也是一位重要谋臣。武帝死后，他受命为汉昭帝的辅政大臣，执掌汉室最高权力近二十年，为汉室的安定和中兴建立了功勋，成为西汉历史上的重要政治人物。

四、知变应变与权衡取舍

　　《周易》包含极其丰富的思想内容，无论哪一方面的思想都建立在变化之道基础上，因此，它要求人们首先"知变"。《系辞传》十分明确地概括道：

　　　　《易》之为书也，不可远，为道也屡迁。
　　变动不居，周流六虚，上下无常，刚柔相易，
　　不可为典要，唯变所适。

就是说，《周易》这部包含人生处世哲学的书，不可须臾远离。它所体现的道理，在于屡屡推迁变化，运行而不止，周普流遍于各卦六爻之间，上下往来没有定准，阳刚阴柔相互更易，不可执求于典常纲要，只有变化才是它趋求的方向。

宋代大儒朱熹也作了说明：

> 六十四卦、三百八十四爻，皆所以顺性命之理、尽变化之道也。

现代学者黄寿祺认为，《周易》六十四卦，各卦各自象征某一事物、现象在特定背景中产生、变化和发展的规律，每卦的卦辞与六则爻辞，也是在相互联系中，披露了该卦所蕴含的事物运动变化发展的道理。学习《周易》，不能不深刻领悟其中的变易之道①。

"知变"，就是知晓、通晓变易之道。《周易》中丰富的辩证法思想，一个重要体现就是用阴阳变易原理阐述人生和社会的矛盾，说明矛盾双方的相互对待、相互贯通、相互转化。通观《周易》经与传，可以看到阴阳不仅是某个有形的东西，而且是某种特殊物体的"气"；阴阳不仅作为万物

---

① 黄寿祺、张善文：《周易译注》，上海古籍出版社，2001年。

134

内在的本质属性，而且有作为更根本的"道"与"理"的属性。阴与阳的对应、统一、和谐，贯穿在《周易》构建的无限时空中，是《易》之为《易》的精髓。在阴与阳之间的关系中，协调、统一、和谐是其基础和底蕴。阴与阳相互联结、依存，舍阴无阳，舍阳无阴，只有阳爻或只有阴爻，都不能构成《易》卦。阴阳和谐思维表现在：从哲学高度和宏观上说明了宇宙整体的和谐与秩序性；整体和谐观念还包括阴阳之间不断的交感或交易，从自然界到人类社会都因阴阳交感而和谐有序，生生不息。

《泰》卦，表示阴阳二气交感，天地交流。《象传》说，天地之气交和使得万物汇通，生生不息。上下尊卑交和使得人们思想沟通、协调，国家或社会得以通泰。内为阳，为刚健，为君子；外为阴，为柔顺，为小人。君子的正道日益滋长，小人的邪道日渐消亡。天地交和象征通泰。君主调理实现天地交和的大道，辅助扶持适宜于天地化生的事宜，以此保佑百姓，达到自己施政的目的。

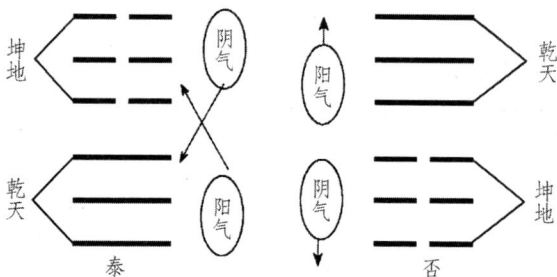

《泰》卦与《否》卦

《否》卦则正相反，表示阴阳二气不交，天地阻隔、闭塞。天地阴阳不能交接，以致万物生长不能畅通，君臣上下不能交通，以致天下不成为邦国。小人的邪道日益滋长，君子的正道日渐消亡。

"知变"的目的在于"应变"。《泰》《否》卦各自包含丰富而深刻的思想，如果把二卦连贯起来看问题则给人如何"应变"的启发更大。无论自然事物还是社会人生都体现着泰、否相依相连，转化无穷的哲理。人生的道路曲折而又漫长，既有畅通之时又有闭塞之期。人际贵在交流往来，否闭解除方达通泰。

客卦
主卦
泰

城复于隍，勿用师；自邑告命，贞吝。
帝乙归妹，以祉元吉。
翩翩，不富以其邻，不戒以孚。
无平不陂，无往不复；艰贞无咎，勿恤其孚，于食有福。
包荒，用冯河，不遐遗；朋亡，得尚于中行。
拔茅茹，以其汇，征吉。
小往大来，吉，亨。

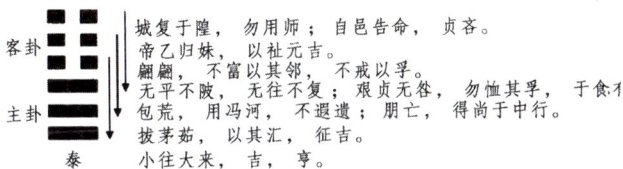

《泰》卦卦象及卦爻辞

阴阳交而泰，泰而必通；有通必有塞，有泰必有否。泰难常泰，泰极必转为否；否不恒否，否极必转为泰。泰与否是一对矛盾，其义在相反相成。否极泰来，先否后喜，既是自然规律，也有人事作用。夏朝否于桀，而汤承之；商朝否于纣，而周朝承之；秦否而汉兴，隋否而唐兴。历史的发展正是通过否道而不断转化。

在天道与人道和谐统一、泰否相互转化中，人事努力是极其重要的。人与人的交往、交流、沟通，内涵十分丰富，首先是上下之交，在古代相当于君主与臣民的关系，在当代相当于领导与群众的关系。"上下不交"则志不同，心不一，国事不定，天下必难治理，难以干成大事业。其次，日常生活中同志、朋友之间平等相交和沟通也不可忽视，既有物质方面的礼尚往来，也有思想感情的相互交流。人与人的真诚交流必然创造良好的人际关系，最终带来吉祥如意的效果。人生道路上有通泰坦途，也有闭塞否境。面对否境，人们应当持理智而积极的态度以"应变"，坚守贞正，不是消极地坐等变化或加速灭亡。

无数事例表明了知变与应变的重要性。中唐时唐德宗李适，刚愎自用，任用小人，结果几次被叛军围困于小小的奉天城，几成阶囚。这时大臣陆赞劝他纳谏思过，并于兴元元年（784）代皇帝起草了罪己诏书公布天下，言辞极为恳切：

> 小子（德宗自称）……长于深宫之中，暗于经国之务，积习易溺，居安忘危，不知稼穑之艰难，不察征戍之劳苦，泽靡下究，情不上通，事既壅隔，人怀疑阻……邑里丘墟，人烟断绝。天谴于上而朕不悟，人怨于下而朕不知，驯致乱阶，变兴都邑……罪实在予，永言愧悼，若坠深谷。

史载，这一罪己诏感动了将士兵卒和广大百姓，上下思想交流，感情共鸣，结果终于力挽狂澜。面对"城复于隍"的危难，唐德宗"自邑告命"的罪己诏，成为特殊条件下的人际关系通泰宣言，达到了使人际交通否闭状态得以消除的目的。

知变应变是权衡取舍的基础和前提。知变与应变之道历来为人们所重视，提高知变与应变能力对处于宇宙变化中的人、事至关重要，这是成就事业的关键一环。历史给人们提供了深刻的经验和教训。唐德宗罪己诏值得后人借鉴。下面的事例则从正反两面给人启示。

据《吕氏春秋》记载，楚国欲袭击宋国，楚王先派人在雍水做了渡河的标记。不久，雍水猛涨，楚人不知道，夜晚仍按原标记渡水过河，结果淹死一千多人。另外一个事例出自《资治通鉴》：

楚汉相争之时，项羽手下将领丁公危急时刻放刘邦活命。后来待项羽被灭后，丁公谒见刘邦愿意招降纳叛，刘邦出人意料地将他当众斩首，并当众声明，丁公身为臣子是使项王失掉天下的人，以后为人臣者不要效法他。

史学家司马光对此阐发了一段深刻的议论，大意是说，此一时也彼一时也，刘邦取得政权后的大政方针是要巩固统治，需要稳定人心，防止变化无常，而与战乱时期保全性命、乱中取胜的追求大不相同。司马光用这个实例说明了刘邦因情况变化而知变应变，而丁公却不能知变应变。

知变与应变，贵在提高预见性，做到防患于未然，消祸于初萌。这就要善于把握事物发展变化的规律，善于察微。例如《坤》卦初六爻辞，意思是当踩到薄霜的时候，人们就应当预知到"坚冰"（寒冷冬季）即将来到。为人做事，应该有先见之明，并且见微知著。正如常言道："月晕而风，础润而雨。"提高预见性，还要善于察疑，对一些事物变化之前的反常现象，加以详察，不

刘邦与丁公（明代绘制）

漏掉细节，弄清其原因，做好应变的准备，才能
掌握主动权。

知变与应变，要求人们做好权衡取舍。人生
历程中，有进也有退，有显赫也有隐遁；有所得
也有所失，有所取也有所舍。退隐有两种情况：
一是在形势不利的情况下，受到某种压力，不得
不舍弃和退隐；二是在没有压力下，自己正处在
巅峰状态，但深知"物极必反""盛极必衰"的
哲理，采取见好就收的策略，主动选择舍弃和退
隐。《周易》的《遁》卦揭示的正是退避和退隐

之理，但并非宣扬无原则的消极逃避和遁世，而是说明当事物的发展受到阻碍、陷入否闭之时，必须暂时退避，以俟来日重新振兴复盛。从人事来看，就是指君子当于衰坏之世，"身退而道亨"。

《巽》卦也是谈待人处事有顺从、舍弃和退让的道理。卦辞告诉人们，以退让的态度对待他人，可以消除灾祸，做事就会比较顺利。用这种态度去和他人交往，包括交往有权势的人，是有好处的。但舍弃和退让不是无原则的，退让不等于软弱无能，舍弃是有一定限度的。

任何事物都有两面性。上述内容都说明了在人生历程中矛盾大量存在，交通与闭塞、变化与不变、前进与退隐、获取与舍弃等等，都是人生面临的矛盾。许多年前偶尔看到一份虽有些滑稽但十分有趣的资料：据《读者》杂志1997年第12期登载，美国耶鲁大学的心理学研究专家，曾对3519名已婚男性的寿命与其妻子的美貌程度作了调查研究，经过详细的照片和资料对比打分，作出分析，最后得出结论。他们惊奇地发现，妻子的美貌分值（当今称作颜值）越高，丈夫的寿命越短。平均统计显示，妻子得分在十四分以上的丈夫比妻子十三分以下的丈夫，寿命短十二岁。能活到八九十岁的丈夫，其妻子的得分都在十三分以下。像娶美女为妻这种令多少男士梦寐以求的大好事，尚且有如此的弊端，足见在世界上事物的两面性是多么不可避免！

既然矛盾大量存在，那么权衡与取舍就是经常发生的。一个人只有学会权衡与取舍，处事才能得心应手。如何进行权衡与取舍，是人生智慧的充分体现。概括地说，权衡与取舍大致应把握

取与舍（伏倩倩绘制）

这样几个原则：思利虑害，思得虑失；两利相交取其重，两害相权取其轻；以有所不为求有所作为，以有所舍求有所取。当然，在权衡与取舍中还要注意，既要善于权衡又要善于决断，既要尽力而为又要量力而行，既要善于取舍又要尽量统筹兼顾。

五、革故鼎新求发展

处理好人与人之间的关系是人生中的重要课题，但人与人聚在一起是为了做事，好的人际关系还要看是否能高效率地做事，靠做成事来检验。

《周易》既讲做人又讲做事，把二者紧密联系在一起，这在中国古代典籍中具有极其鲜明的特色。从总体来看，它提倡人们增进美德，营修功业，即"进德修业"；它主张人们崇尚道德，广开事业，即"崇德广业"；最终它赞扬和追求的理想境界，就是人们的盛美德行与宏大功业的高度结合，即"盛德大业"。因为广泛地获有万物才叫作宏大功业，日日更新、不断完善才叫作盛美德行，此即"盛德大业至矣哉！富有之谓大业，日新之谓盛德"。这些可以从阅读《文言传》《系辞传》及相关卦爻辞，细细品味和体悟。

其实，如果仔细来看《周易》，它关于做人与做事相统一的思想非常多，从很多侧面具体来谈论。例如，《系辞传》把圣人和君子的"守位"与"聚人"放在一起议论，最早提出"理财"的崭新的观念：

> 天地之大德曰生，圣人之大宝曰位。何以守位曰仁，何以聚人曰财，理财正辞、禁民为非曰义。

就是说，天地自然的弘大德性是化生和润泽万物，圣人与君子的重大法宝是高居盛位。用什么来守持盛位呢？用"仁人"。那么用什么来聚集仁人呢？用"财物"。管理财物、端正言辞，并且禁止百姓为非乱法，就是合乎"道义"。又如：

> 备物致用，立成器以为天下利，莫大乎圣人。

这就是说，备置实物让人使用，创制发明器具来便利天下，没有比圣人更伟大的。在这里，做事与做人二者很好地结合起来，甚至融合为一体。

在做事与做人的过程中，难免遇到新与旧的矛盾，如何处理呢？《周易》中有两卦前后相连，即《革》卦与《鼎》卦，仅从卦名上我们似乎已经领悟到作者的主旨：革故鼎新。

分别创作于殷周之际、春秋战国期间的古经和《易传》，是当时天与人、因与果、天命不易与靡常相互冲突、融合的产物。频繁的动荡、重大的社会变革、深刻的天人转换，催生和启迪了《易》作者的灵感和智慧，故有六十四卦之《革》卦。《革》卦的经与传酣畅淋漓地表达了从革适变、革故布新的哲理。

《革》卦上卦为兑，兑为泽；下卦为离，离为火。水下浇而火上腾，水火相克，在水与火的斗争中，万物变化，有生有灭。然而，生者又复灭，灭者又复生。从人类社会历史来看，夫妻不和睦则家庭变故，君臣不和睦则王朝更替。然而，社会整体意义上家庭还将延续，王朝还有代兴。《易》学家认为：鸟类退旧羽，兽类换新毛谓之革；春夏秋冬四季推陈出新谓之革；江山易主，易服色，改正朔谓之革。"正"代表正月，"朔"代表初一。历法制度关系社会民生，"改正朔"就是新政权建立后在历法上重新确定一年的开始是哪一天。这些都体现了除陈布新的规律，所以卦名曰《革》。《周易》的变化革新之道在这里又得到进一步体现。

《彖传》对《革》卦意蕴的阐发有两点值得注意：其一为"革而当"，既指"大亨以正"，也就是推行为国为民的勇敢变革，出于大公无私之心，同时又须准确把握变革之时，强调变革时机得当，人们要善于把握机遇；其二，"顺乎天而应乎人"，天地之革与人文社会之革互涵互摄，贯通一体：

> 天地革而四时成，汤武革命，顺乎天而应乎人，革之时义大矣哉！

148

这是推天道以明人事，借历史史实来赞扬变革。就是说，天地变革时令而成四季之气候。商汤和周武王，通过发动革命分别取代夏桀和商纣王，这是顺天应命的义举。依时变革，就能使天地常新，显示出伟大的历史作用。

战争和社会革命是重大历史变革，但毕竟不是经常发生。在当今社会，方方面面的改革和变革时常发生，并推动社会不断进步。下面我们以企业变革为例来解读《革》卦的爻辞，六句爻辞说明了变革的六个阶段。

> 初九，巩用黄牛之革。

武王伐纣（明代绘制）

在变革的开始阶段，人们的观念、公司的制度和组织结构还保有原来的样子，牢不可破。此时不易有太大的举措，要慢慢寻找变革的时机和契机。

六二，巳日乃革之，征吉，无咎。

表明当事态发展到转折点的时候就要果断出击，往前进发，可以取得很好的效果，必有吉祥。古人用十二地支纪日，"巳"排在十二地支中的第六位，即将要过半，到了发生转折的时候。因而"巳日"可以理解为转折点。

九三，征凶，贞厉；革言三就，有孚。

就是说公司启动变革后也不要急进、急于求成，否则会发生凶险，要以正防危；"三"不是确切数字，代表"多"的意思，对于变革的言论，要多次研究，周密考虑，赢得人们的信赖。变革的过程中难免触动多方的群体利益，要尽可能地听取各方面的建议，才能最大限度地减少变革的阻力和损失。

九四，悔亡，有孚改命，吉。

表明前一阶段变革所取得的成果已经得到了大家的认可，但人们对于是否坚持下去还心存疑虑，仍旧需要引领他们坚定变革的信心，这样才能保证变革顺利进行到底。这也就是强调了树立新的愿景和目标对于变革成果具有重要作用。

> 九五，大人虎变，未占有孚。

这个阶段说明，经过变革试点，对公司新目标的理解已经深入人心，新的方针政策已得到贯彻执行，新的组织结构已运转正常。此时，主要领导者可以像猛虎一样深层次推行变革，把试点的成功经验和成果全面铺开，将改革引向深入。

> 上六，君子豹变，小人革面；征凶，居贞吉。

这最后一爻说明企业领导者要逐步推行变革，大事才会有所成。虽然此时连反对者表面上也顺应改变旧日倾向和面貌，但这时激进仍会有凶险，还是要坚持变革步骤逐步推进，扎扎实实，以争取最后的全面胜利。

《革》卦打个颠倒就变成了《鼎》卦。鼎卦

居六十四卦第五十位，上离下巽，巽为风，火风鼎。离在《革》《鼎》二卦中，位置不同，象征有所不同。离在这里变为上卦，不再单纯是火的形象，而可以理解成为一种内空的容器，如箱，如盒，也可以说是锅；下面的巽是风，是木柴，是烟，是可以加热的东西，因此《革》卦与《鼎》卦就成了综卦。

《革》与《鼎》卦卦象

《象传》对《鼎》卦阐发道：

鼎，象也。以木巽火，亨饪也。圣人亨以享上帝，而大亨以养圣贤。巽而耳目聪明，柔进而上行，得中而应乎刚，是以元亨。

以上意思是说，鼎，是法象之器，也是烹饪养人的物象。《鼎》的内卦为巽，巽为木；外卦为离，离为火。木柴顺从火而燃烧，这是烹饪的基本情状。圣人烹饪食物来祭祀天帝，君王大规模地烹物来奉养圣贤。烹物养贤可以使贤人谦逊顺从辅助君王，君王因而就能耳聪目明。此时君王作为尊者凭着谦柔美德向上直行，高居中位又能下应阳刚贤者，所以至为亨通，大吉大利。

《鼎》卦既然是鼎的形象，既包括了古代用木柴烧火热锅煮饭的原始意义，也譬喻事物调剂成新之理，还象征国家政权，蕴含行使权力、经国济世、自新新人之义。

我们把《鼎》卦与《革》卦联系在一起，就有了如下具体而丰富的意义：

宇宙天地自然界中不断发生着如秋末之革故和春初之鼎新现象，人类社会国家政权不断发生着革故鼎新的变化，永无休止地上演推翻旧政权、建立与巩固新政权的活剧；

154

人类在劳动生活过程中，通过鼎变革旧物、创造新物，无论是做饭、制药、制革、酿酒，还是古人炼丹、今人进行化学试验，都必须利用鼎这种变革的器物，利用这种器物，都可以达到革故、鼎新的目的；鼎器功用之所以能成，事物新的规制之所以立，必须依赖多方面的纯正、坚实"力量"的同心协力支持；人在自然与社会这个"大鼎"中，也不断发生着革故鼎新的变化。世界日新月异，人们也不断提升自身真善美健的水平，不断创造着功德事业，享受着人生幸福。

无论从哪一个层次而言，我们都可以将《革》与《鼎》作为变革的两个阶段：第一阶段是革故，破除旧的；第二阶段是鼎新，创立新的。无论天地自然还是人类社会，无论是自然过程还是人为的过程，都有一个革与鼎的最好时机、最好方式过程和最好结局的问题。《革》与《鼎》，《易经》中的这一对综卦，让我们开启革故鼎新的智慧眼、智慧门，实在是太妙了！

如果说《革》卦是动物革去原来的不适应气候的旧毛，那么反过来，《鼎》卦就是动物生长出适应新气候状态的新毛。从这个原始意义出发，古代先哲将这二卦联系在一起，排列在六十四卦的第四十九和五十位。万物都会在特定的条件下处于《革》卦状态，又都会通过复杂的变化处于《鼎》卦状态，前者是革故，后者是鼎新，前者是让应该去的去，后者是让应该来的来，有去有来，往来成古今。《系辞传》称作"彰往而察来"，我们今天叫作融旧铸新、继承发展。这就是人生，这就是人类，这就是历史。在此，革故鼎新的思想得以充分彰显。

第五章　吉凶之间求福避祸

156

　　任何人都关注自己的命运甚于关注自己周围的一切，许多人都关注自己的未来甚于关注自己的过去和现在。如果说《周易》言崇德尚义以君子贤人为出发点，希望为普天下树立楷模，那么，《周易》言吉凶祸福则不管君子贤人还是黎民百姓，不论邦国宗族大事还是家身饮食细节，希望为凡人生命、生活提供预测和指导。吉凶祸福是现实人生最切近的问题，与人的实际生活关系最为密切。

一、吉凶之间推命运

人生而有命，人来到这个世界上无不关心自己的命运，或者说每个人最关心的大事就是自己命运。古今中外，谈论人生命运的书籍、文献及其一切文化作品可谓浩如烟海，不胜枚举。现代形成了系统完整的一门自然科学叫生命科学，至于思考人的生命的人文社会科学门类就太多了。我们在这里仅以包括《周易》在内的中国传统文化为据，作简要阐明。

在古代汉语中"命运"一词最早是两字分开的。命，即生命或性命；运，即生命历程中的运气、机遇和趋势。命，更多指自然性或先天性，即所具有或可能具有的生死寿夭状况及其结局；运，更多指社会性或后天性，即人生经历的种种方式、程度和可能性。命和运总是连在一起的，

157

既叫"命运",又简称为"命"。《三命通会注评》前言指出:

> 命运就是指生死寿夭、福贵贫贱的格局状态或祸福吉凶、盛兴衰废、穷通进退、荣辱忧喜等一切遭遇的总的结局特点和趋势。

命运,自古以来凝结着人对生命的认知。古人认为,"天"能致命于人,即为人"受命于天",《管子》提出精气说,例如其中《业内篇》就说:

> 天出其精,地出其形,合此以为人。

人活着是因为有气,即人活一口气。人死了叫做气数已尽,用《黄帝内经》的话说,就是"阴阳离决,精气乃灭"。因此,所谓命运就是天命。中国古人是用一种独特的符号和文字来讲人的命运,即复杂的阴阳学说与金木水火土五行学说。

命运来自人的生存状态。命，在母腹中孕育时期是和母亲的命结合在一起的，这是生命，但不是人们通常意义上说的"命"。只是从脱离母腹那个时辰起，他（她）才算有了独立的"命"，根据人出生的年月日时，就有了所谓的生辰八字，也是从这时辰开始，就开始了他（她）的运程，直到生命结束。

古人认识命运，不仅是要揭开生命活动的神秘面纱，而且是要能动地去把握命运。不认识就无从把握，就像不了解春夏秋冬，就无法更好地生存一样。因为，"命"提供了生命走向的各种信息，把握这种信息后，就可以在人的运程中更好地把握生命。这可能就是命运的两重性。这两重性的关系，命是基础，有基础才可能有运程，从这种意义上说，命决定了运，运是命的表现；从运的角度看，运是命的过程，没有运也就没有命，运在实现命的过程中，展示它的积极的能动性、丰富性、多变性。

命运虽然由天定而不可改变，但古人也不想

屈服于命运之下，而要自己掌握自己的命运，其方法就是从由天地而生的人身上发现先天赋予人的贵贱贫富、死生寿夭的信息，以便趋吉避凶，把握命运，于是，预测算命之术也就出现了。

作为指导人们趋吉避凶的行动指南，《周易》中的"吉""凶""悔""吝""厉""无咎"，就是其指导信号。掌握这些信号的含义，才能正确读懂《周易》，真正领会其趋向和避免的内容，才能从中受益。

看相算命（伏倩倩绘制）

吉

《周易》经传中关于吉、凶的说法比比皆是。最明确的界定出自《系辞传》：

> 吉凶者，失得之象也。
>
> 吉凶者，言乎其失得也。

这都指明，所谓吉凶，就是得失的象征，或者就是专门来谈论得与失的。吉为得，即得意、得志，实现志愿；凶为失，即失意、失志，未遂志愿。用现代汉语说，吉即吉祥、吉利、美好、有利等。

凶

作为吉的对偶范畴，凶与吉相反，为恶、为失、不得意，也就是今天我们所说的不吉利、凶险、不利、失败、灾难等。

悔

悔与吝是介于吉凶之间的状态。《系辞传》云：

> 悔吝者，忧虞之象也。
>
> 悔吝者，言乎其小疵也。

忧，忧虑；虞，逆测。忧虞，指忧心忡忡，难以决断的心理状态。疵，小毛病。悔吝没有大吉大凶。悔即悔悟、悔恨、遗憾等意思，表示知错悔改，有趋吉之势；吝则未知悔，有趋凶之势。

吝

《易经》中常用"吝"字表示痛惜、痛恨的言行和后果。吝的本义为惜。吝与悔同级，但在程度上比悔的后果要严重些。吝为过而不悔，有仍然坠入迷雾的意思。现代汉语中，吝的意思为痛惜、痛恨、终天遗憾。

厉

接近于凶，在程度上比吝走得更远。现代汉语的"厉"字，指危险。《小畜》卦上九爻辞：

既雨既处，尚德载，妇贞厉。

意思是，密云已经降雨，阳刚已被畜止，至高居上的阳德被阴气积载，此时妇人必须守持正道以防危险。

无咎

即无过错、无灾难、无不善。《系辞传》说：

> 无咎者善补过也。
>
> 震无咎者存乎悔。

这里的"震"就是"惧"，即震动警惧。王弼《周易略例》曰：

> 凡言无咎者，本皆有咎，防得其道，是以无咎也。

咎为罪过，无咎是知悔之后，行动谨慎，改过。言无悔，行无错，必然志得而愿遂，故无咎最临近于吉。在《易经》中，咎有时作为动词当怪罪讲。

可见，吉、凶、悔、吝、厉、无咎，为六种程度的等级，表示六种不同的祸福状态。其中吉凶代表两个极端，悔吝处于中介状态，厉靠近凶，无咎接近吉。六者之间的关系可以表示如下图：

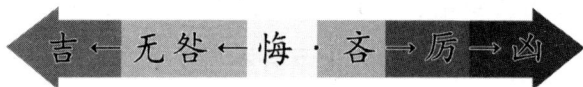

吉凶之间（牛晶晶绘制）

《易经》六十四卦卦辞与三百八十四爻爻辞，都直接或间接地对所占结果用"吉""凶""悔""吝""厉""无咎"等信号词语进行了断定，其根本原因在于《易》卦中的内部矛盾，即卦爻的本质。例如：居于三、上位的爻辞多惕厉险恶，与两爻位置有关；二、五爻爻辞多吉利、多尊贵之称号也与居位有关。对此，《系辞传》总结道：

　　知者观其象辞，则思过半矣。二与四，同功而异位，其善不同：二多誉，四多惧，近也。柔之为道，不利远者；其要无咎，其用柔中也。三与五，同功而异位：三多凶，五多功，贵贱之等也。

就是说，明智的人只要观察研究象辞，就把

全卦大义多半领悟了。第二爻和第四爻同具有阴柔的功能而因为居于上下卦不同位置，两者象征的利害得失也不同：第二爻处下卦之中位多获得美誉，第四爻因为处于上卦的下位多包含惕惧，因为靠近君位。阴柔的道理不利于有远大作为，其要旨在于慎求"无咎"，其功用在于柔和守中。第三爻和第五爻同居阳刚的功能而各处于上下卦不同之位：第三爻处于下卦高位多有凶险，第五爻处于上卦之中即尊位因而多见功用，这是上下贵贱的等差所致。这是从位置上作出的细致说明。

《易经》卦爻的吉凶悔吝现象，除了由其内部矛盾决定外，还受时间、空间、条件的影响和作用。每卦都有其特定的时间，在这个时间段内，六爻因所居的具体时间不同而各异其吉凶，而同一爻位（如第四爻）各卦或吉、或无咎、或凶、或厉，结果各异。所谓空间，即地点和环境，在《易经》中就是每卦内的爻位。因爻位不同，作用也不同，六十四卦变化之神妙与此相关。比如《乾》卦，从初爻到上爻，龙之变化从"潜"到

"显"到"跃"到"飞"到"亢",呈现不同情状。而条件性主要指本爻与其他各爻间的相互联系和影响。《易》学中有所谓承、乘、比、应、中,就是各爻对于外部联系的具体说明。

吉凶成因错综复杂,由多种因素所致。其中《易经》作者的主观意向也是决定吉凶的不可忽视的原因。卦辞一般从总体上显示出作者的主观意向,原则地昭示吉凶,言简意赅;爻辞则体现出主观意向的具体化,展现了吉凶之间多层次的复杂情景、深浅有别的吉凶系列。总之,上述各种情况共同体现出吉凶之间复杂的变化,《周易》正是以此推论命运的。

二、理性务实的信仰

人生有命运,命运有吉凶。对命运吉凶的认识和判断,不仅贯穿在《易经》六十四卦卦辞与三百八十四爻爻辞中，而且也是《易传》关注的重要问题。

《系辞传》中有关吉凶的说法俯拾即是。例如：

> 方以类聚，物以群分，吉凶生矣。

这是说，天下各种意识观念以门类相聚合，各种动植物以群体相区分，吉和凶就在这同与异的矛盾中产生。吉凶的由来是客观自然的。

> 圣人设卦观象，系辞焉而明吉凶。

圣人观察宇宙种种物象而创设六十四卦，各卦各爻下都撰写系文辞而借以表明吉凶的征兆，即卦象的阐发直接目的就是判明吉凶。

> 吉凶者，言乎其失得也。

易卦图

这是用得与失对吉凶含义的解释。

> 探赜索隐，钩深致远，以定天下之吉凶。

这是圣人对吉凶的确定过程，即窥探求索幽隐难见之理，钩取招致深处远方之物，以此来判定天下的吉凶。

对命运的信仰和崇拜是上古先民的基本信念，构成中国古代先民的精神支柱，对生与死问题的思考往往蕴含于鬼神观念之中。自古以来，中国人生活中就有两个世界：人的世界和鬼神的世界。古代的人们把天当作神，天能致命于人，决定人类命运。"天命"说早在殷周时期已非常流行。《论语·颜渊》所言"死生有命，富贵在天"，代表了那时人们普遍的看法：一切最终都由天命所定，决非人为所能改变。

从古器物发掘中所见到的甲骨卜辞、彝器铭文，说明了当时统治者自称"受命于天"，把自己的意志假托为上帝的命令，称之为"天命"，用来作为对人民进行统治和压迫的合理依据。

天命观是中国古代哲学和政治思想的中心，《尚书·商书·盘庚》中就有"先王有服，克谨天命"的记载。意思是说，先王行事一向恭敬，谨慎地顺从天命。而天命多由天象来显示，比如，传说刘邦进入关中时，有"五星聚于东井"，兆示他将成帝业。福临出生前，其母"孝庄文皇后方娠，红光绕身，盘旋如龙形"。皇太极很高兴，认为此是统一天下之兆。而异常天象通常被视为上天对人间政治黑暗、君主失德的谴责和警告。

天命、鬼神观念是人们现实生活的折射，包含对死亡和苦难的迷惑与恐惧。春秋末期是一个礼崩乐坏、天下无道的动荡年代，天命与鬼神信仰中对生死问题的思考，只能稍稍化解人们心中的迷惑，给人一丝安慰，而不能真正解决人生的

现实困苦。

我们必须强调，中国人的信仰有自己的特殊性，不同于世界上其他民族。这种特殊性从上古时代起即见端倪，在所信仰的天命中，除了虚幻的、异己的鬼神、神灵外，还包含人自身的实在的生活，包括宇宙、自然之义，这是由天地气象、风云雷电、山水鸟兽等构成的实在的"天命"。并且，随着社会的进步、人的认识和改造自然能力的提高，神秘的"天"逐渐让位于自然，代之以实在的"天"；虚幻、异己的鬼神之"命"逐渐还原于人作为万物之一的生"命"，代之以充满气和运的"命"。

例如在对待鬼神上，孔子就基于一种入世的

睿智，采取了"存而不论"的态度。他集中精力思考人事和现实问题，而"不语怪、力、乱、神"（《论语·述而》）。当学生子路问什么是死，如何对待鬼神，孔子说：

> 未能事人，焉能事鬼。
> 未知生，焉知死。（《论语·先进》）

事，服事；焉，怎么。孔子巧妙地回避了弟子的问题，在他看来，人应当"务民之义，敬鬼神而远之"（《论语·雍也》）。这些表明，在孔子所处的时代，人的认识还搞不太清楚鬼神的真实面目，既不好完全否定它，又不好完全肯定它，只好对它存疑。但孔子头脑十分理智，在思想上力求把人事与鬼神分开，以人事为思想和行为的着眼点、出发点，避免鬼神之类干扰人事活动。

佛教信仰佛，基督教和伊斯兰教信仰上帝，各种宗教都是为了解决人生信仰的问题。在中国，不需要宗教来扮演这一角色。梁漱溟先生认为

子不语（明德书）

"几乎没有宗教的人生"是中国文化的一大特征，与拥有统一信仰的伊斯兰教国家和信奉基督教的欧美国家不同，中国不存在全民信仰的统一的宗教。

中国古代哲学通过两条途径来安顿人生，一是自然，二是人自身，也就是人的德性，二者往往交织在一起。由于它们都以人为出发点，为人生而设，所以都具有人文主义特征，具有理性主义特征。正如毛主席《愚公移山》一文中愚公所说：父母生子，子生孙，孙又生孙，子子孙孙无穷尽。在黎民百姓看来，生存的永恒价值就来自于种的繁衍，在种的繁衍中，生命不断地循环往复，也正是这种生命的重复中，他们获得了某种永恒。

如果说，中国人有宗教观念的话，那么其宗教观念也不同于其他民族，而是有强烈的实用主义色彩。他们在信仰上比较宽容，宗教生活呈现出多元化的特点：一方面是自己的宗教观念里混杂了许多不同的宗教人物和思想，另一方面也非常能够宽容别人不同的宗教信仰。对各种不同的宗教一般没有厚此薄彼的心理，只要对他们的生活有利有用，甚至只要没有危害，对待这些宗教的态度则相当宽容和平静。只要是应验的神灵，不论是佛教的佛、菩萨，还是道教的神仙，甚至是历史上的英雄、传说中的精灵鬼怪，一般的中国人都会去烧香许愿，祈求保佑。从中古社会以来，中国人吃素念佛，修炼学道，见佛就拜，遇仙即求，成为十分普遍的心态。这种心态到了宋元明清时期就表现得淋漓尽致。

中国人实用主义的信仰早在《周易》中就有

众多而清晰的表达。《周易》的经与传谈论吉凶，是以经世致用的基本立场为出发点和最终落脚点的。即：卜筮（占卜和占筮）断吉凶，目的在于"藏往知来""彰往察来""与民同患"（"患"在帛书《系辞》中写作"愿"）。

"藏"与"彰"看起来好像矛盾，实际上各有侧重，"藏往"就是积累、总结往昔的经验教训，不使它们丧失；"彰往"指彰明以往成功的智慧，使之发扬光大。"知来"与"察来"是一致的，都是强调《易》之预测未来，把握变化可能性的功能，即致用。这就是"占"的要旨所在，所以说《易》"精义入神，以致用也"（《系辞》）。

卜筮以明吉凶，实乃君子与黎民同患或同愿。"同愿"即共同的愿望、要求。既然可以通过卦爻辞的往事以为鉴戒而预知未来，这是人类智慧的集中体现，是人之为人的自觉能动性的体现，那么当然包括君子、黎民在内人人向往之、追求之。"同患"即共同的忧虑，"患"有患得患失之意，既恐凶之来，亦恐吉之不至。正如清代易学家陈梦雷所说：

> 既得吉矣，又患其凶。凶固民之所患，
> 吉亦民之所患，圣人之心，与民同之也。
> （《周易浅述》）

卜筮以明吉凶，体现了《周易》经世致用的基本功能。先秦典籍中，记载《易》筮例最多的是《左传》和《国语》，从两部典籍可见卜筮运用十分广泛。那些上层人物，出兵打仗要占卦，生儿育女要占卦，幼主登位要占卦，嫁女娶妻要占卦，甚至出走叛逃、遭受贬谪都要占一卦，以测前程吉凶祸福。显然古人的迷信色彩很浓。用今天的话说，《周易》对国家社会、政治、经济、战略、国防、家庭、仕途以及治学、交友、应事接物等方面都有重要借鉴意义，关键就看如何运用。孙武子以十三篇谈用兵之道，《周易》以六十四卦，谈经世致用，中华文化为人类文明提供了许多宝贵的财富。

相反，自古及今都有人相信鬼神存在，主张把自己的命运完全交给能赏善罚恶的人格神来安排，凡事都完全以卜筮来决定。这就完全否定了人的主观能动性，走向了彻底的唯心主义和宿命论。这是与《周易》本来意义上的卜筮明吉凶、重人事成败有区别的，不能将二者混为一谈。

三、孔子与《周易》

用龟甲或筮草占卜以预测吉凶，决定自己的行动，说明古人对自己命运的关注。这种创造至少早在西周初年就已经成为一种国家制度。《易经》就是在占卜算卦筮例汇编基础上形成的。

生活于春秋末期的孔子，与《周易》有着密切的关系。一方面，历来占统治地位的传统天命观、鬼神论，对孔子有着先入为主的历史文化意义，当时盛行的占卦之风不可能不对其产生一定影响；另一方面，礼崩乐坏、天下无道的社会现实，又使孔子把主要注意力放在如何推行仁道、改善社会、实现政治理想上，占卜之术显然让位和服从于人文主义思想。据传说，孔子一生算过四次卦，他说自己是"玩其占"，即仅把占卦当成一种游戏：

最初，孔子并不懂得《易经》。偶尔有一天，老夫子出于好奇心，让先学一步的学生商瞿给自己占了一卦，结果是《旅》卦。他问："《旅》卦，是什么意思？"商瞿说："《旅》卦是说老师您这一生，有圣人的智慧，却没有圣人的位置呵！"孔子就毫不掩饰地哭起来，一边哭一边还嘟嘟囔囔地抱怨："凤鸟不来，河不出图，天命如此啊！"意思是，苍天无眼，未降祥瑞，我如此智慧，却生不逢时！

后来，孔子发奋研读《周易》，从中获得了越来越深的体悟。他从年轻时代起就树立了做大事的远大理想，立志匡正社会，自己愿意一生纯正做人，犹如丹漆和白玉的品质一样。

有一天，孔子为自己算了一卦，得到《贲》卦。他脸上挂满了忧愁和悲伤。学生子张就奇怪地问："老师呵，我听说别人占得《贲》卦，都是吉祥如意，你算到这卦却如此忧伤，为什么呢？"孔子解释说："在《易经》中，山下有火就是《贲》，此卦山下之火光，算是杂色，杂乱纷纷，不是正色之卦。对于色质来说，黑白才算正色，因此我给自己占到的《贲》卦，看来不是好兆头。我听有人说，丹漆不需要修饰，白玉不需要雕刻，因为丹漆和白玉，它们已经有足够的色质了，就不需要再修饰了。"

第三次算卦也挺有意思。孔子派子贡出去办事，时间一长，左等不来，右等不来，他心里不安，大家焦急，也没有什么好办法，他就让学生给子贡算一卦，得到的是《鼎》

孔子（唐代绘制）

卦。有的学生根据该卦九四爻辞"鼎折足，覆公餗，其形渥，凶"，说子贡可能没命了。当时大家都很难过，只有颜回一个人在笑。孔子就疑虑重重小心地问他："回呀，你发笑，难道子贡能回来吗？"颜回大声说："当然啰，当然啰，《易经》里说没有脚，意思是，子贡兄不用两脚，是要乘船回来的！"呵呵，真神了！不久，子贡果然乘坐着船回来了。

孔子第四次算卦是鲁国将要攻打越国的时候，大家不知道能不能取得胜利，吉凶如何，所以就占了一卦。这一次又得到了《鼎》卦，巧不巧呢，而且还是九四爻："鼎折足。"子贡说，很凶险呵，出兵打仗，要用脚呵，如今算卦得到脚断了，当然凶险了。孔子笑笑说，越国人靠水而居，行动主要用船，不用脚的，所以是吉祥如意的。子贡说得对呢，还是孔子说得对？无所谓。反正，结果是鲁国打败了越国。这次孔夫子十分得意和自信。

孔子一生曾算过四次卦：一次落泪，一次悲伤，一次疑虑重重，一次十分得意。后来，孔子回顾几次占卦自言自语道："算什么卦呀，还是要坚持自己的操守和信仰，自强不息，厚德载物，死生有命，富贵在天，沿着自己的理想做下去算了……"在这游戏般的占卜中，孔子抚平了自我的心理忧伤，获得了极大的心理安慰，坚持了一生的道德与信念，自信了一生，追求了一生，乐观了一生。

孔子对自己一生为学进德过程曾做过著名的总结：

> 吾十有五而志于学，三十而立，四十而不惑，五十而知天命，六十而耳顺，七十而从心所欲，不逾矩。（《论语·为政》）

这是孔子对自己不平凡一生的理性回顾，也是一位世界公认的先哲对人生之道的深刻感悟，其中蕴含着十分丰富的人生智慧，展现了圣人豁达的精神境界。他说：我十五岁起立志于学习，研究学问；三十岁就能自立于世，说话做事都有把握；四十岁时掌握了各种知识，遇事不困惑；五十岁，理解了什么是天命；六十岁，凡我听到的一切，都能明白贯通，分清真假是非，不再感到于心有违逆；到了七十岁，便随心所欲，任何念头也不会逾越规矩。

自"知天命"之年以后，孔子由于政治前途

周游列国

受阻，为了推行自己的政治理想而离开鲁国，开始了长达十四年的周游列国，经历了颠沛流离的生活，屡次遭受人生的挫折。但孔子却能在逆境中不断提升自己的德性，将现实的困厄转化为对自己意志与毅力的磨炼。种种挫折和磨炼，确实使孔子心境发生了变化，所以在他六十八岁高龄重回鲁国后，对现实的从政事功已不再执着，但也不认同隐士的做法。他在生命的最后几年里深入研读《周易》，从根本上改变了以往对《易》的看法（即仅看作一本筮书），发现这是一部营修德性、教导人做事的书，一部富含人生智慧的书。

《史记·孔子世家》说"孔子晚而喜《易》"，以至于读《易》"韦编三绝"。即在长期研读中把编系《周易》简册的牛皮制细绳都磨断了多次，足见其用功勤奋。

帛书《易传·要》对孔子晚年研《易》的情景有生动的描述：

> 夫子老而好《易》，居则在席，行则在囊。

足见其热爱已近痴迷沉湎的地步。但是，孔子却不用《周易》来占卜，他对鬼神未知世界历来存疑，有一句名言表明他的态度：

> 敬鬼神而远之，可谓知矣。

当学生请教如何对待鬼神问题时，他明确回答：

未能事人，焉能事鬼。

在他看来，为人服务比为鬼神服务更重要，生前的问题比死后的问题更重要，表明孔子的现实主义、理性主义立场。

孔子喜欢《易》，却说自己"不占而已矣"（已，止）。这有确切记载，出自《论语·子路》。《易经》专有一卦叫《恒》，讲的就是天地有恒久之道，人们做成事要有恒心、恒常的志向和毅力。其中，九三爻辞：

不恒其德，或承之羞。贞吝。

意思是说，人无恒久的德性，处事反复无常，有时可能受到羞辱，应持正以避免遗憾。孔子读《易》至此，对他的弟子们发表了一番评论：

南人有言曰："人而无恒，不可以作巫医。"善夫！"不恒其德，或承之羞。"

不占而已矣。

孔子引用南方人常说的话，没有恒久之心的人，做不成巫医、卜筮。这话说得太好了！按照《恒》卦九三爻辞的意思，人有恒心最重要，我孔丘看重的是有恒心做成大事，而对占卜算卦之术不感兴趣。

孔子对占卜不感兴趣，但他对《周易》有深刻而独到的见解。从这部探讨宇宙万物相互联系、相互作用、变化无穷的书中，他悟出了许多有益于人生、有益于社会的哲理。所以孔子说：

加我数年，五十以学《易》，可以无大过矣。（《论语·述而》）

足见其对《易》崇拜之深。据帛书《要》记载，孔子面对子贡的质疑和迷惑，明确指出：

夫《易》，刚者使知惧，柔者使知刚，愚

人为而不妄，惭人为而去诈。

《易》，我后其祝卜矣！我观其德义耳也。

孔子及其弟子研究、注解《周易》，相传作《易传》"十翼"，对《易》理进行全面而深刻的阐发，使人们对《周易》的认识发生了质变，使《周易》从卜筮之书变成了一部哲理经典，开启了探寻和研究义理的新方向，为传承与发展文化事业做出了不朽的业绩和卓越贡献。不仅如此，更重要的是，孔子用自己的道德和思想感召了无数的仁人志士、英雄豪杰、平凡百姓，影响了中国几千年，从而影响和改变了人类历史的进程，因而他是当之无愧的世界文化名人。

四、祈福避祸

求福避祸是古今中外所有人的心愿。我们现

在谈人生之道，经常将吉凶与祸福并提，一般认为吉即福，凶即祸，不作更细的区分。

《周易》经传中多言吉凶，实乃以吉凶概括福祸之义。阴阳转化、求福避祸的道理大家生活中经常遇到，但是未必人人能深刻领会并自觉地运用这个辩证法的智慧，用《系辞传》的话说就是"百姓日用而不知"。

细究之，福祸与吉凶稍有差别。吉凶侧重于事物、人事发展变化的趋势、征兆，而祸福则着重于事物和人事发展变化所呈现出来的实际状态，落脚于一个变化过程结束时所形成的结果。吉凶反映了对客体客观情况的主体体察、判断、预测，而福祸则是客观事物对人的利害关系。它们都与功利相关，但福和祸与利和害的关系更密切一些。

福，《说文》："祐也，从示畐声。"现代汉语中，指幸福、福气，如福利、享福、造福。福利就是生活上的利益、好处，福气指享受幸福生活的命运。

祸，《说文》："害也，神不福也。从示咼

声。"祸与福相对，现代汉语中有二层含义：一指祸事、灾难，如闯祸、祸不单行；二指损害，如祸国殃民。

《易经》卦爻辞多用"吉"字，既是吉祥、吉利、顺利的意思，又包含幸福、福气、福利的意思。同样，"凶"字在《易经》中也与"祸"字相当，指不吉利、不利、险恶、灾难等。

我们读《易经》会看到出现"福"字有四处，下面作简要说明。

《泰》卦九三爻辞曰：

> 无平不陂，无往不复。艰贞无咎，勿恤其孚，于食有福。

可译为，没有总是平地而不化为险坡的，没有总是前进而不返回的。不忘艰难，坚持正道，可以避免过错。不必过分忧虑，只要以诚心相信，自有福庆食享俸禄。

《晋》卦六二爻辞：

晋如，愁如，贞吉。受兹介福，于其王母。

升进途中心有忧愁，守持正固可获吉祥；承受此大福，来自于王母的关照。

《井》卦九三爻辞：

井渫不食，为我心恻。可用汲。王明，并受其福。

渫（xiè），淘去污泥。意思是说，水井经过淘浚变得洁净以后，却没有被人去饮用，使人心中感到惋惜，应该赶快汲取这清澈的井水，如果王道圣明的话，君臣百姓就会一并享受福泽。

《既济》卦九五爻辞曰：

东邻杀牛，不如西邻之禴祭，实受其福。

禴（yuè）祭，一种祭品菲薄的祭祀。九五爻辞是说，东邻杀牛举行丰盛祭典，却不如西邻以虔诚孚信之心的薄祭，更能实在地迎来神灵祖先的赐福。

上述四卦相关爻辞，从不同侧面提示了事物矛盾之所在：《泰》卦直接给出了"无平不陂，无往不复"的哲理；《井》卦通过"井渫不食"的比喻，说明举贤用能、惠养百姓的重要意义；《晋》卦说明升进途中虽有坎坷不平，但只要守持正道，必获人们援助；《既济》卦则告诫人们，处盛之时忌骄奢，心怀诚敬可受福泽。

福与祸正如吉与凶一样，都是人类社会中普遍存在的矛盾。两个方面相互对照，相互对待，相比较而依存；两者相互联系而渗透，相互斗争而发展；两者因为相互渗透而相互贯通，并在一定条件下相互转化。

这种事物的辩证法、人生的辩证法，在道家哲学中得到深刻昭示。《老子》第五十八章：

祸兮福之所倚，福兮祸之所伏。

倚：依附；伏：藏匿，隐蔽。福旁边依附着祸，祸里潜伏着福。这就非常明确地揭示了福与祸之间的相互依存、相互贯通，两者在一定条件下可相互转化。

既然如此，人们就应当清醒地、理智地对待生活中的事件和遭遇。《易经》具体的卦爻辞、《易传》哲理的论述，反复告诉我们：当吉祥如意、福星高照之时，要有忧患意识，保持头脑清醒，谨慎做事；当凶灾降临、祸患及身之时，要坚定信念，努力在危急中寻找希望，善于克服困难，逢凶化吉。

正如汉语成语所言："塞翁失马，焉知非福。"这是出自《淮南子·人间训》的典故：

> 从前在北边的边塞地区，有一个善于推测人事吉凶祸福的人，大家都叫他"塞翁"。有一天，塞翁的马从马厩里逃跑了，越过边境一路跑进了胡人那里去了，邻居们知道后都来安慰他。塞翁并不太难过，反而笑笑说：

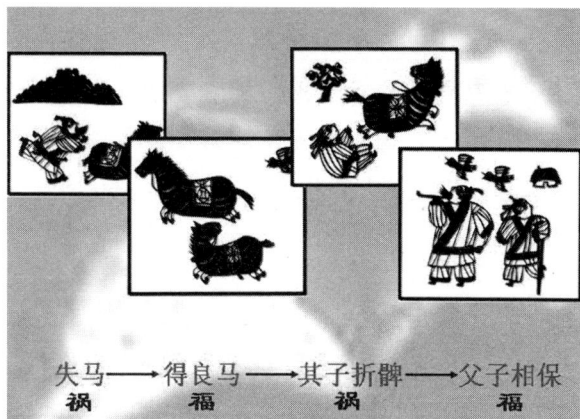

失马 ——→ 得良马 ——→ 其子折髀 ——→ 父子相保
祸　　　　福　　　　　祸　　　　　　福

塞翁失马（牛晶晶绘制）

"我的马虽然走失了，但这说不定是件好事哩！"过了几个月，他家的马果然带着胡人的一匹骏马回来了，大家都来祝贺他。塞翁这回反而皱起眉头对大家说："白白得来这匹骏马恐怕不是什么好事哩！"家里多了良马，他的儿子喜欢骑马，一次从马上摔下折断了大腿骨，大家都来安慰他、劝他，没想到塞翁并不怎么太伤心，反而淡淡地对大家说："我的儿子虽然摔断了腿，但是说不定是件好事呢!"又过了一年，胡人大举入侵边塞，壮年男子都拿起武器参战，住在边塞附近的壮年男人，死去的有百分之九十，这家就是因为腿瘸的原因，父子的性命都得以保全。

总之，谈论人类社会和人生之道，祸与福的矛盾具有普遍性、永恒性。无论古代还是现代，无论西方还是东方，不管是君主贵族，还是平民百姓，不管是腰缠万贯的富翁，还是饥肠辘辘的乞丐，都经常面临福与祸两种命运的考验与纠缠，祈福避祸乃人之恒愿，天下之人，概莫能外。

五、生生不息

人一生下来就注定了最终要走向死亡，必死的命运使人深切地感受到生的无常和短暂。死，成了人类面临的最大困惑。生与死决不只是一种生理现象，同时还是一种心理现象，一种精神现象，涉及人生历程、人的价值和追求的一系列根本性问题。《周易》包含丰富而深沉的生命意识和终极价值论，对生与死的追问、对人超越性的探求，构成了中国传统文化的重要课题，开拓了中华民族精神和传统文化的发展道路。生生不息和终极关怀是《周易》与儒家生命哲学的根本所在。

人是宇宙中有限性的存在。他来到现实世界上，生活在现实世界中，就得同这个世界打交道，而越是同周围世界打交道，人就越体味到自身的有限、相对和暂时。成功、顺利、生长会让人欣喜、欢畅，而失败、挫折、死亡等却时常困扰着人的心灵，它们构成了人的烦忧、焦虑、痛苦之源。

但人又是宇宙中无限性的存在，他是唯一具有超越性的动物。除了肉体存在和自然本性，人还具有理性和思想，具有社会属性，即为精神存在。精神自由决定了人能以有限去追求无限，从现实出发去追求理想和生命价值。人的超越性，仿佛能骤然划开人们"沉沦"于其中的苦海而亮出一块坚实的岛屿，仿佛能把人们蓦然抽离日常时间之流而升入永恒之境，仿佛能赐予人以超常的力量青云直上去享受绝美的风景，仿佛能使人告别荒漠潜入生命的绿洲饱吸至美的甘泉。

早在中国殷周之际至战国时代，天命衰落，人文兴起。《周易》独辟蹊径，以其对人的终极关怀为主题，成功地构建了一个可以安顿人之生死的意义世界。《易经》六十四卦卦象、卦爻辞，看起来是为卜筮而设，其实真正关心的是人的命运，是现实人们生活中的损益成败、吉凶祸福。大到国家政权、战争、祭祀盛典，小到百姓饮食、婚嫁生育，虽然包含太多难以预测的因素，人们不得不借助于占卜作出判断和决定，但人们并没有把一切交给上天和鬼神主宰，而是要发挥人的主动性、能动性，刚健有为，趋吉避凶，求福远祸。

例如，《系辞传》说：

原始反终，故知死生之说。精气为物，

195

游魂为变，是故知鬼神之情状。

《九家易》作了这样的解释：

196

> 阴阳交合，物之始也。阴阳分离，物之
> 终也。合则生，离则死，故原始及终，知死
> 生之说矣。

这段话大意是，死生与鬼神，并不神秘，都是阴阳的离合；人与物有始有终，有生必有死；物生即为神，物灭则为鬼。

佛教追求涅槃，耶稣基督则教人走向天堂。《周易》对生命、对生与死有独特理解，强调生命的意义在于现世，认为在有限的现实生活中能够创造出无限的超越价值来，目的在于引导人们在生机盎然的此岸做圣贤，而不是到虚无缥缈的彼岸去寻求灵魂的解脱。

在对死生与鬼神作了说明后，《系辞传》用极其简练的语言揭示了《易》的本质与价值追求：

富有之谓大业，日新之谓盛德，生生之谓易。

　　天地之大德曰生。

就是说，广泛获取万物叫作弘大功业，日日增新不断完善叫作盛美德行，阴阳转化而生生不绝叫作变易。天地的宏大德性是化生万物。

　　从《周易》的卦象看，每一卦象都是一个宇宙模式，都是一个时空认同的生命流变体的结构形式。从初爻至上爻既是时间上一个从始到终过程，也是空间上三维立体结构模型，囊括宇宙生命过去、现在和未来多阶段，包含上、中、下三位的全部信息。这个结构形式既是宇宙的，又是具体万物的；既是人类社会群体的，又是每个个体人的。

　　《周易》的总体思路在于，把天地化生万物理解为与父母、男女生育后代相似的事情，既从男女构精、生儿育女这一人间日常现象获得启发，来猜测、构建整个宇宙的本体和演变过程，又从天阳地阴、天地阴阳合和，生发出世间最伟大最神圣的生命。天道具有无穷无尽的生命力和创造性，它创生出万物，并赋予万物以各不相同的本性，从而形成了生机蓬勃、丰富多彩的世界。易学最根本的信念在于：把整个宇宙看作一个自我生成、自我演变的普遍的生命之流和生生不息的万化之流。

《周易》不仅真实地说明了宇宙的本来面目，诠释了世界的由来和演变，更重要的是它深刻地揭示了生命的本质，由此发现了宇宙存在的最深本源和所有事物生生不息的内在动力。生命的本质是刚健，是一种畅然不滞、盎然不竭的生命力，是生生不息、动而愈出、不可抑制的力量，是向上的、开辟的、进取的、追求完美的力量。正如《复》卦所告诉人们的：那给一切事物带来希望的生命力就在盛极之阴中，就自然界而言，是在那冰冻三尺的严寒隆冬中；就人事而言，是在那似乎是一片黑暗的艰难困苦之中，太极图中阴阳鱼的两眼恰恰喻示着这一天机。

人效法天地，应当积极进取，刚健有为，而不能有丝毫懈怠。《乾》卦《象传》说：

　　　天行健，君子以自强不息。

　　《乾》卦爻辞栩栩如生地描绘了龙或隐或现、或潜或跃、或升或飞的情状，以龙为隐喻描述君子的刚健，非常形象生动地展示了生命的本质。《三国演义》中曹操煮酒论英雄时谈龙的一段话即脱胎于此。

　　同样，人也应当效法大地母亲宽厚的仁德，善于接纳和承载万物。《坤》卦《象传》说：

　　　地势坤，君子以厚德载物。

就是说，大地的气势厚实和顺，君子应增厚美德，容载万物。土地的地势就是厚广，可以承载万物，君子取法于地，要积善成德，开阔胸襟，方能承担事业，宽以待人，容纳万物。

　　《周易》把事物和人生看作有始有终、有生有灭，而又终而复始、生生不息的过程。这个过程以阴阳相聚而成万物为起点，《乾》《坤》两卦即为《易》之门户。天地生成万物，遂有千变万化，《乾》《坤》之后，诸卦依次展开各种矛盾复杂的运动：从自然规律到政治形势，从统治阶级到普通百姓，从婚姻家庭到衣食住行。在运动过程中所展现出来的，从文化民俗到哲理人生，无所不及。经过无数阴阳盛衰、矛盾消长，过程达到穷尽，矛盾得到解决。然而矛盾止息是暂时的、相对的，矛盾运动才是绝对的，新过程在旧过程中孕育而生，即将重新开始。《既济》与《未济》二卦正是变易无穷的反映，人生哲理与智慧亦在其中。

六、人生感悟

　　每个人一来到这个世界上，就开始了自己的人生旅途。人生，就是从出生走向死亡的过程，这一过程有不同的质和量。有的长些，有的短些；有的复杂，有的简单；有的曲折坎坷，有的平坦顺达；有的辉煌闪亮，有的暗淡苍白。

　　我们生而逢时并处于一定空间，正如《周易》以宏大时空将万事万物纳入其中，每个人都是易学时空中有限与无限的存在。我们不仅可以目睹一幕紧接一幕的"话剧"，也要不可避免地在其间扮演某种属于自己的角色。人生是个大舞台，每个人都是舞台上的演员，生活中没有旁观者。

　　我们不必把"生活"理解得过于狭隘。生活不仅仅是饮食男女、鸟语花香、耕稼操机，读书、交谈、看戏、实验、运动、创造等等，都是生活的内容。生活是丰富多彩的。

人生的宝藏多么丰富，而要发掘这些宝物，需要花费艰辛的劳动。人类必须劳动才能生存，劳动构成了文明的先决条件。只要活着，就应该多做有益于国家、社会和他人的事，从中领悟到生命的价值和生存的意义。

老态龙钟的画家，一心扑在画上；风烛残年的书法家，终日挥毫泼墨。他们不是为了多挣几个钱，而是身不由己。是什么遣使他不遗余力呢？是生命，是生命的追求。是使鸟儿鸣唱，使树木常青的那个东西！

中国现代著名作家巴金在他的《生》中描绘说：

　　从在一滴水的小世界中怡然自得的草履虫到在地球上飞腾活跃的"芸芸众生"，没有一个生物是不乐生的，而且这中间有一个法则支配着，这就是生的法则。

社会的进化、民族的兴盛、人类的繁衍，都是依据这个法则而行的。

著名作家罗兰在他的《生命之歌》中关于清晨写道：

清晨是一首明朗嘹亮的歌，伴奏着清越的双簧管。鸟鸣是短笛的跳音，弦乐部分是欣然的行板。一切都现出了颜色。被浓黑掩盖了一夜的这世界，又一次展现了树群的婆婆浓绿，花朵上的红紫缤纷。草叶上闪亮的露珠，是清晨带给世界的最佳献礼，鸟儿们欢唱着"黑夜远去，白日降临"。人们开始活跃。那些摸黑赶早市的豆浆贩和鱼贩、菜贩们，也解除了一脸隔夜的慵倦，振作起来了。做早操或做早课的人们为自己曾经不怕黑夜的尾声而自豪着，忘了起床时勉力奋起的心情。宇宙换了一个勤奋的调子，像那一队队如同麻雀一般跳跃着奔往校门的小孩，意气昂扬，齐步堂堂，告诉你，生命是何等的活跃又欢畅。……

中国当代朦胧派诗人孙武军在《我的歌》中
吟唱道：

一

204

我的歌

是和秋叶

联欢的纺织娘

是从夏日的傍晚

浓浓的叶子里

挤过去的一缕微风

二

我的歌

是冬天

坚冰底下

咬紧牙关的流水

是春天

骤然从嫩绿的草丛中

回到蓝天的云雀……

冰雪下的河流（作者拍摄）

三

我的歌

是那个把欢笑

勾在猴皮筋上的女孩的

扎着的蝴蝶结

是那个打着太极拳的老人

融化在晨曦的

长髯

四

我的歌

嫩芽与露珠（作者拍摄）

是母亲给孩子洗澡

撩起的水珠

是留在小伙子唇上

滚烫的气息

节选自阎月君等编：《朦胧诗选》，春风文艺
出版社，1985 年，第 342 – 343 页。

人生的歌，确实美妙！

人生的歌，实在太多，太多……